MordsAbgang
blutrot

Astrid Kallweit
Frank W. Kallweit

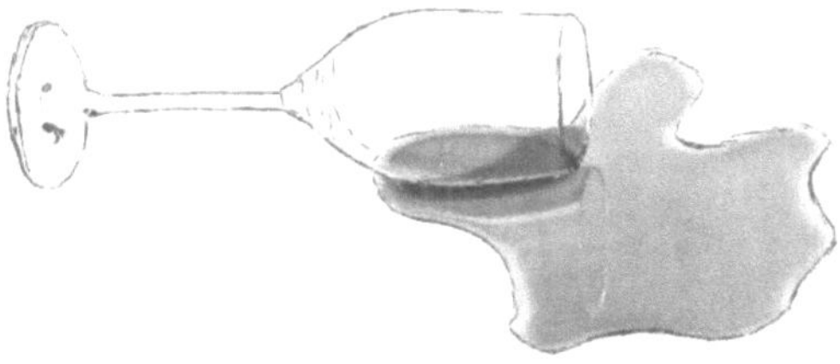

Krimi & Wein
Verlag Wortspiel Literatur e.V.

1. Auflage

ISBN 978-3-935500-38-8

Umschlaggestaltung/Illustrationen
Frank W. Kallweit

Gedruckt in Deutschland

INHALT

Frank W. Kallweit

Schon wieder St. Martin

(Tatort: Pfalz / Südliche Weinstraße)

Schiminski schaute gelangweilt in den Iserlohner Kreisanzeiger. Er blätterte laut raschelnd in seiner Tageszeitung. Die einzelnen Seiten überflog er mit einem flüchtigen Blick. Dabei schlürfte er laut den erkalteten Kaffee aus seiner Tasse. Dies war mal wieder ein direkter Angriff auf die Nervenstränge seiner Frau Susanne, doch sie versuchte die Fassung zu wahren. „Passiert ist wieder nichts“, klang es ein wenig depressiv aus dem Mund des Ermittlers im Ruhestand. Jetzt konnte Susanne nicht mehr an sich halten. „Passiert? Nichts passiert. Dann zieh doch ins Altersheim, da ist wenigstens das Essen passiert, und meine Nerven bleiben verschont. Du stehst dir mal wieder selbst im Weg! Fällt dir die Decke auf den Kopf? Du nörgelst hier herum wie ein kleines Kind, das man sein Spielzeug weggenommen hat. Männer sind einfach nur große Kinder. Keine Leichen, keine Altakten, das Leben kann so grausam sein. Deine miese Laune ist wirklich ansteckend.“ Schiminski hatte nicht mit einer Reaktion in dieser Stärke gerechnet. Er saß schweigend am Frühstückstisch wie ein kleiner Junge, der gerade bei einem Streich erwischt worden war. Susanne unterdessen redete sich in Rage. „Überall muss ich auf dich aufpassen und hinterherräumen. Ich kann dich nicht einmal allein auf eine Urlaubsreise schicken. Die Aktion letztes Jahr in St. Martin, die hat ja das Fass wirklich zum Überlaufen gebracht. Selbst in diesem idyllischen Örtchen kannst du dich nicht wie ein normaler Tourist durch die Weinberge bewegen. Nein, der Herr Hauptkommissar muss ja über eine Leiche stolpern."

Schiminski setzte seinen Dackelblick auf. „Ich wollte wirklich nur Urlaub machen, mich einfach bei einem guten Glas Wein entspannen. Was kann ich dafür, dass der tote Weinpanscher Öchsle im Weinberg einfach tot vor meinen Füßen liegt?" Schiminski seufzte laut. „Aber interessant war der Fall schon." Warum hatte er jetzt nicht geschwiegen?

Susanne schüttelte den Kopf: „Du wirst einfach nicht erwachsen!"

Schiminski dachte kurz nach. „Du bist wirklich ungerecht. Ich wollte dich eigentlich morgen zum Valentinstag überraschen."

Susanne konterte: „Du überraschst mich doch immer wieder. Ich bin froh, wenn ich mich mal von diesen Überraschungen erholen kann."

„Aber eigentlich wollte ich dir einen Reisegutschein schenken und uns eine Reise nach Mallorca buchen. Mallorca zur Mandelblüte soll ganz wunderbar sein." Sein Dackelblick und der säuselnde Ton in seiner Stimme zeigten Wirkung.

Susanne schwieg einen Moment lang. Sie musterte den Ermittler im Ruhestand. Waren das wirklich Worte aus dem Mund ihres Ehemannes?
„So kenne ich dich überhaupt nicht. Du wirst ja noch zu einem richtigen Romantiker, Schatz.“ Susanne war sichtlich gerührt.
Der Return seiner Frau traf den Ermittler. Schiminski verstummte aus Verlegenheit. Beide genossen die entspannte Ruhe für einige Sekunden.
„Aber ist dort die Mandelblüte nicht schon in vollem Gange?“ Diese Frage seiner Frau schlug ein wie ein Blitz aus heiterem Himmel. Die Worte trafen ihn völlig unvorbereitet. Es war ein echter Volltreffer. Der Blütentraum schien zu platzten, denn dann blieb ja nur wenig Zeit für Planung und Buchung.
Schiminski blickte angespannt auf sein Smartphone. „Ähm, ja, ja, tatsächlich schon im Februar“, nuschelte er fast unverständlich. Anschließend tippte er nervös auf das Display. „Es gibt keine Flüge mehr. Mallorca ist total ausgebucht“, stotterte Schiminski.
Seine Frau lachte hämisch. „Hab ich’s doch geahnt. Das ist ja wieder typisch.“ Nach diesem Tiefschlag musste Schiminski seine Strategie von Grund auf erneuern. An diesem Tag mied er die Nähe seiner Frau.
Am Abend traf er sich mit seinem guten Freund Winfried Schlückle. Er kannte Schlückle noch aus Schulzeiten. Obwohl dieser eher selten in

Iserlohn war, hatte Schiminski ihn nie aus den Augen verloren. Liebhabern edler Rebensäfte war der Name Schlückle über die Jahre seines Schaffens ein Begriff geworden. Als Redakteur der Weinglosse im Weltblick hatte er sich in die Herzen der Feinschmecker und der Fachkreise geschrieben. Seit einiger Zeit ging er einen neuen Weg. Er wurde Herausgeber des Gourmetmagazins ‚Der gute Schluck'. Als Kritiker war Schlückle knallhart. Allein in seinem Magazin positiv erwähnt zu werden, war für manche Jungwinzer der Startschuss zur großen Karriere. Eine der begehrten Bewertungen zu erhalten, die silberne oder gar die goldene Rebe, konnte die Krönung ihres Winzerdaseins werden.

Normalerweise lauschte Schiminski bei Zusammenkünften den Ausführungen seines Freundes. Doch an diesem Abend musste der Rentner vom Vorfall mit seiner Ehefrau berichten.

Schlückle hatte sofort einen Vorschlag parat: „Mandelblüte gibt's doch auch in der Pfalz!"

Doch nach dem letzten Fall in St. Martin war für Susanne die Pfalz ein rotes Tuch geworden. Schückle versuchte seinen Freund zu trösten. „Ich habe eine Idee, begleite mich doch auf meiner Tour durch die deutschen Weingebiete."

Schiminskis Frau war beruhigt, dass Schlückle ihn unter seine Fittiche genommen hatte. Ihr Mann schien eine vernünftige Aufgabe gefunden zu haben.

Erstes Ziel sollte St. Martin werden, dies verschwieg er jedoch seiner Frau aus gutem Grund. Einen Tag vor Reiseantritt erhielt Schiminski einen Anruf von Schlückle.
„Mich hat's wirklich richtig heftig erwischt."
„Hast du die Nacht durchgesoffen?"
„Mach dich nicht noch lustig über deinen kranken Freund. Die Situation ist wirklich ernst!" Schlückle beschrieb seine Leiden. „Noch nie hat es mich so umgehauen. Du kannst es dir nicht vorstellen. Ich kann nicht einmal mehr einen Kamillentee von einem Spitzenwein unterscheiden."
Schlückle hatte sich eine Männergrippe eingefangen. Er litt schwer daran, insbesondere weil sein Sensorikzentrum völlig gestört war. Schiminski musste den Weg in die Weinregionen nun allein antreten. Es war mehr als eine Herausforderung, konnte der pensionierte Polizist allenfalls Weine in die Kategorien ‚schmeckt' oder ‚schmeckt nicht' einteilen.
Gerade in St. Martin wollte sich Schiminski eigentlich unauffällig im Hintergrund bewegen. Sein letzter Besuch in dem Ort hatte doch einige tiefe Spuren hinterlassen. Dort war er kein Unbekannter mehr.
‚Im Fässchen werde ich bestimmt nicht gesehen. Ich setzte mich in eine Ecke des Gewölbekellers, da bin ich sicher.' So hatte sich der Pensionär zumindest den Verlauf des weiteren Abends vorgestellt. Das Restaurant lag am Ortseingang und

besaß eine große Sonnenterrasse. Diesen Präsentierteller mied er bewusst und stieg die Stufen hinab in den Keller. Zur Sicherheit hatte er sich noch einen falschen Bart angeklebt und eine Perücke aufgesetzt.

„Das gibt's doch nicht. Undercovermission oder was soll das jetzt hier? Ich befürchte das Schlimmste. Schiminski, konnten Sie nicht einfach im Sauerland bleiben? Das gibt doch bestimmt wieder nichts als Ärger."

Der Pensionär drehte sich um. Er war ziemlich verdattert. Fast wäre sein Löffel in das Schaumsüppchen gefallen.

„Keschde, Keschde, was machen Sie denn hier?" Schiminski konnte seine Überraschung nicht verbergen.

„Ich wohne hier in St. Martin. Hier in meinem Wohnort kann man auch einfach nur lecker essen und guten Wein genießen."

„Keine Panik, Keschde. Es ist nicht so, wie Sie glauben", versuchte Schiminski die Situation noch zu retten.

„Seit dem ich Sie kenne, glaube ich an gar nichts mehr!" Keschde schüttelte bei seinen Worten den Kopf.

„Ich bin hier in St. Martin, um einfach Wein zu probieren, wirklich", versuchte Schiminski den Grund seiner Anwesenheit glaubhaft zu vermitteln.

„Ne, ist schon klar. Und was soll die komische Maskerade?“
„Ich bin hier in Vertretung für meinen erkrankten Freund Schlückle.“
„Ach so, ‚Der Gute Schluck‘.“
Schiminski nickte. „Aber behalten Sie dies unbedingt für sich. Die Winzer sollen ja nicht vorgewarnt sein. “
Die letzten Worte waren noch nicht ganz verklungen, da öffnete sich die schwere Holztür zum Gewölbekeller. Der Winzer Fichte betrat den Raum. Der Mann blickte sofort zu Keschde hinüber, der noch am Tisch von Schiminski stand.
„Fichte, weißt du, wer das ist? Kannst du auch gar nicht wissen. Schiminski ist ja incognito hier.“ Beide lachten laut los. Keschde ergänzte: „Wir haben in St. Martin Cholera und Pest überstanden und jetzt kommen die Sauerländer.“
Die erste Runde in St. Martin endete für den Sauerländer mit einem Tiefschlag. Doch Schiminski war noch nicht K.O. Die Neuigkeit würde sich wie eine Feuerwalze durch die Altstadt fressen. Schon bald würden die meisten Winzer in St. Martin wissen, in welcher Mission Schiminski unterwegs war. Am nächsten Tag schlich er die Hauptstraße des kleinen Ortes entlang. Er schaute keinem Passanten direkt ins Gesicht. Am Straßenrand stand ein Lada Geländewagen, hinter dem er sich einen Moment versteckte, um die Straße zu überblicken. Vom Eingang der kleinen Volks-

bank hörte er Keschdes markante Stimme. ‚Verdammt. Wohin soll ich jetzt verschwinden?', dachte Schiminski. Direkt vor dem kleinen Bankgebäude waren große Tore weit geöffnet. Er huschte durch den Torbogen hinein in den Innenhof eines historischen Gebäudes. Er schreckte zusammen. Sein Betreten löste einen lauten Klingelton aus. Nun gab es kein Zurück mehr. Zu seiner rechten Seite öffnete sich eine schwere Holztür, die direkt in den Probierraum führte. Eine freundliche Stimme lud den Sauerländer zu einer Weinverkostung ein. Schiminski schaute prüfend auf sein Glas. „Oh, das ist aber ein ziemlich dunkler Wein", kommentierte Schiminski etwas hilflos.
Die Winzerin lachte herzlich. „Das sind nur schwarze Gläser für eine Blindverkostung."
„Ja, klar", klang die Antwort verlegen. Schiminski war nicht zum Spaß hier. Nun musste er unbedingt seine Fachkenntnis präsentieren. „Hat dieser Wein auch Anoraks bekommen?"
Die Winzerin schaute ihn fragend an.
Schiminski wurde sichtlich nervös. „Diese Punkte", stotterte er.
„Parkerpunkte?"
Schiminski nickte stumm.
„Nein, aber dieser Wein hat eine goldene Kammerpreismünze erhalten!"
„Auch gut", antwortete Schiminski nur kurz.
„Was ist es für ein Wein? Was schmecken Sie?"

„Riesling!"
„Nein, es ist ein Rotwein!"
Schiminski dachte angestrengt nach. Er suchte nach einer Antwort. Die Augen der Winzerin waren erwartungsvoll auf den Mann gerichtet.
„Dann ist es wohl ein Schwarzriesling."
Die Winzerin lachte. „Voller Körper!"
Schiminski nickte. „War ja nur Quatsch. Der gute Schluck …", wollte Schiminski jetzt seine Deckung verlassen.
„Der gute Schluck ist ein Blauer Spätburgunder mit schönem Holzton. Aber Sie lagen nicht so falsch mit Ihrer Antwort. Der Schwarzriesling, auch unter dem Namen Müllerrebe bekannt, ist auch eine Burgundertraube, Pinot Meunier."
Nach den Unsicherheiten fühlte Schiminski jetzt wieder einen festen Stand. Der Genuss verschiedenster Weine löste seine Verkrampfung.
Doch am nächsten Morgen entschied sich der Hobbyweinkritiker St. Martin zu meiden und seine Tour in Maikammer fortzusetzen. Sein Freund hatte ihm den Weg zum Winzer Forebear genau beschrieben. Gern war Schiminski durch die Weinberge von St. Martin nach Maikammer gelaufen. Nun stand er am Rande des Ortes vor dem imposanten Schlösschen der Winzerfamilie. Die historischen Mauern beherbergten einen modernen stylische Probierraum. Der Hobbykritiker probierte die edelsten Weine und erkundigte sich nach Lagen, die sich in Richtung St. Martin, also

an seinem Rückweg, befanden. Dann trat er seinen Fußmarsch an. Es war spät geworden. Es dämmerte bereits. Mitten auf dem Weg stand ein überdimensionierter amerikanischer SUV mit getönten Scheiben. Neben dem Nummernschild war das Zusatzschild CD aufgeklebt. ‚Was macht ein Fahrzeug des Konsulats hier in den Weinbergen?' Während Schiminski nachdachte, erblickte der Rentner ein Hinweisschild mit der Aufschrift ‚Weingut Forebear, beste Weine der Produktlinie Wertvoll'. ‚Was ist das dort zwischen den Reben? Bin ich jetzt in einem Agentenfilm?' Schiminski traute seinen Augen nicht. Mitten in diesem Weinberg stand eine Person, schwarzer Hut, schwarzer Mantel, Sonnenbrille. ‚Das ist doch bestimmt kein Mitarbeiter des Winzers.' Schiminski grübelte und ging dabei langsam weiter, bis er an eine Stelle kam, an der ein Lada Geländewagen stand, in dem zwei dunkel gekleidete Männer saßen. Offensichtlich interessierten sich die Insassen des Fahrzeugs für die Person im Weinberg. ‚Der Lada parkte doch gestern in St. Martin', erinnerte sich Schiminski. Der Ermittler griff in seine Jackentasche. Dann zog er einen kleinen Gegenstand heraus. Eigentlich hatte er den GPS-Sender zur Überwachung der Hauskatze gekauft. Die Katze war oft Tage lang unterwegs. Seine Frau machte sich dann Sorgen um das Tier. Er wollte helfen, doch seine Frau hatte gegen die Überwachungsmaßnahme protestiert. Da Schi-

minski die Angewohnheit hatte, zum Leidwesen seiner Frau, alle Gegenstände in seine Taschen zu stopfen, fand er nun auch dieses elektronische Gerät, das nun eine neue Verwendung finden sollte. Schiminski klebte den Sender unter die hintere Stoßstange. Danach entfernte er sich möglichst unauffällig vom Fahrzeug.
Noch am Abend ging er direkt zur Metzgerei, nicht weil er Hunger hatte, nein, weil er mit Keschde sprechen musste. „Ich muss eine Beobachtung melden. Zwischen Maikammer und St. Martin im Weinberg von Forebear habe ich einen Agenten des amerikanischen Konsulats gesehen. Soll ich ihn beschreiben?"
„Schwarzer Mantel, Hut, Sonnenbrille?"
„Genau, Sie kennen den Vorfall und den Agenten!"
„Schiminski, wir sind in St. Martin und nicht in Hollywood. Sie haben einfach zu viele Agententhriller gesehen. Wahrscheinlich hat der Alkohol noch Ihre Sinne verklärt! Haben Sie Wein getrunken?"
Die Frage war wohl rhetorisch gemeint, doch Schiminski antwortete. „Ja, eine tolle Weinverkostung …"
„Und dann stören Sie meinen Feierabend. Schiminski, gehen Sie in Ihr Hotel und dort direkt zu Bett. Bitte stören Sie nicht die Nachtruhe. Träumen Sie lieber friedlich von einigen Bondgirls.

Morgen sieht die Welt dann schon wieder anders aus. Gute Nacht!"
Am nächsten Morgen hatte Schiminski es bereits am Frühstückstisch erfahren, Forebear hatte einen Toten in seinem Weinberg gefunden. Schiminski musste darüber mehr erfahren. Der pensionierte Polizist hatte es sich ja nicht ausgesucht, aber nun steckte er wieder mitten in einem Kriminalfall. Wenige Minuten später stand der Sauerländer vor der verschlossenen Tür der Metzgerei. Er betätigte die Klingel für die darüber liegende Wohnung. Doch niemand öffnete. Eine Passantin sprach Schiminski an: „Heute ist die Metzgerei geschlossen. Haben Sie es denn noch nicht gehört?"
Der Ermittler schüttelte den Kopf. Was sollte er gehört haben?
„Sie haben heute Morgen den Keschde abgeholt."
„Wer?"
„Uniformierte Polizisten haben ihn in Handschellen mitgenommen."
„Das glaube ich nicht."
„Doch, er soll diesen Amerikaner erschossen haben, der im Weinberg Richtung Maikammer lag."
Auf dem Weg zurück in seine Unterkunft musste Schiminski erst mal seine Gedanken sortieren. Gut, er hatte mit Keschde schon so manchen Disput ausgefochten, aber ein Mörder war der Metzgersohn mit Sicherheit nicht, davon war Schiminski fest überzeugt. In seiner Erinnerung suchte er nach Details der letzten Tage, die für die

Vorfälle von Bedeutung sein könnten. Einige Notizen hatte er zu Papier gebracht, da klingelte sein Handy.
„Schiminski, Sie müssen mir helfen", mehr musste Keschde nicht sagen. Keschde hatte von seinem Festnetzanschluss angerufen. Offensichtlich war er wieder zu Hause und mögliche Verdächtigungen reichten nicht für einen Haftbefehl. Kurze Zeit später stand Schiminski in der kleinen Wohnung über der Metzgerei.
„Ich bin keine Mörder, das müssen Sie mir glauben. Ich habe diesen Agenten noch nie in meinem Leben gesehen. Trotzdem wurde er offensichtlich mit meiner Dienstwaffe erschossen." Keschde wirkte niedergeschlagen.
„Haben Sie sich gestern nach meinem Besuch auf die Suche nach dem Agenten gemacht?"
„Quatsch, ich bin einfach zu Bett gegangen. Diese Geschichte habe ich für eine Fantasygeschichte von Ihnen gehalten."
„Wie konnte dann dieser Amerikaner mit Ihrer Dienstwaffe erschossen werden? Und warum?"
„Ich weiß es nicht. Gegen 23:40 Uhr bin ich zu Bett gegangen. Nach Dienst lege ich meine Waffe immer in meine Nachttischschublade. Das hatte ich auch am Freitag so gemacht. Diese Woche hatte ich Urlaub, um meinem Vater in der Metzgerei zu helfen. Ja, die Aufbewahrung meiner Waffe entspricht nicht ganz den Vorschriften.

Aber da ich allein in dieser Wohnung lebe, kann die Pistole kein Unbefugter an sich nehmen."
„Was ist genau in der Nacht passiert?"
„Nichts!"
„Nichts?"
„Ich habe tief und fest geschlafen, bis heute Morgen zwei uniformierte Kollegen mich abholten und zur Vernehmung auf die Wache mitnahmen. Ich war ziemlich ungehalten, bin wohl auch etwas laut geworden, habe alles für einen üblen Kollegenscherz gehalten."
„Und die Dienstwaffe?"
„Die lag immer noch in meinem Nachttisch, wo die Kollegen die Pistole auch gefunden haben. Die Kriminaltechnik hat meine Waffe untersucht. Es ist die Tatwaffe. Ich verstehe es einfach nicht."
„Und Schmauchspuren?"
„Nein, Schmauchspuren konnten bei mir nicht gefunden werden. Deshalb haben mich die Kollegen wieder auf freien Fuß gesetzt. Aber der Verdacht ist natürlich noch nicht völlig aus dem Weg geräumt." Keschde schaute ziemlich verzweifelt.
„Ich werde Ihnen helfen, keine Frage. Nur, nur …"
„Ja?"
„Meine Frau darf auf keinen Fall von dieser Aktion hier erfahren."
Für einen Moment lachten beide Männer. Dann schaute Schiminski auf seine Notizen. „Am Mon-

tag bin ich in St. Martin eingetroffen und zum Essen ins Fässchen gegangen."

„Stimmt, ich kann mich an die komische Maskerade erinnern."

„Dienstagmorgen bin ich die Hauptstraße entlang gegangen auf der Suche nach einem Winzer, da hab ich Ihre Stimme gehört."

„Richtig, ich war zur Bank gegangen, Geld holen am Automaten."

„Und dort stand genau gegenüber der Bank dieser grüne Geländewagen."

„Was für ein Geländewagen?"

„Ein russischer Lada mit Diplomatenkennzeichen. Diesen Wagen habe ich auch Mittwochabend in den Weinbergen gesehen, ganz in der Nähe des Amerikaners. Die sind doch bestimmt in diesen Mord verwickelt."

„Und meine Dienstwaffe?"

„Vielleicht haben die Russen Sie genau beobachtet, um in einem geeigneten Moment die Waffe auszuleihen."

„Und ich habe es ihnen verdammt leicht gemacht. Doch, wenn es wirklich Diplomaten waren, haben wir keine Chance, mehr zu erfahren. Die Botschaft wird keine Auskünfte geben. Politische Verwicklungen könnten die Folge sein. So kann ich ja nie meine Unschuld beweisen."

„Schauen wir erst mal, wo sich gerade der russische Geländewagen befindet."

Keschde staunte nicht schlecht.

Schiminski holte sein Handy heraus. „Ich habe einen GPS-Sender am Lada befestigt. Ich bin halt Profi!“ Natürlich erzählte Schiminski nicht, dass der Sender eigentlich zur Überwachung seiner Hauskatze eingesetzt werden sollte und sich nur zufällig in seiner Jackentasche befunden hatte. Jedenfalls brachten die beiden Ermittler so in Erfahrung, dass sich der Geländewagen noch in St. Martin aufhielt.
Schiminski demonstrierte Entschlossenheit. „Die Russen werden wir uns jetzt holen, mit oder ohne Diplomatenpass. Der Wagen steht an der Kirche. Die sind bestimmt im Glockenstübl. Ich rufe sofort die Wirtin an.“ Der Sauerländer erhielt die Bestätigung, dass zwei russische Männer dort speisten, ansonsten war es zu der frühen Stunde noch recht leer im Restaurant. Der pensionierte Polizist appellierte an die Mithilfe der Wirtin. Weitere Gäste sollten äußerst unauffällig das Restaurant verlassen oder es erst gar nicht betreten können. Schiminski knöpfte sein Hemd auf.
„Was soll das denn jetzt werden?“ Keschde schien irritiert.
„Ich habe einen Plan. Sie müssen mir einfach blind vertrauen!“
„Was bleibt mir auch anderes übrig?“
„Sie müssen mir helfen.“ Schiminski holte ein kleines Mikrofon aus seiner Hosentasche. „Das müssen wir jetzt auf meiner Brust verkleben.“
„Und dann?“

„Dann gehen wir zum Glockenstübl. Ich gehe rein und Sie bleiben draußen.“
„Muss ich jetzt nicht verstehen, oder?“
„Sie zeichnen das Gespräch auf, was ich mit den Russen führe.“ Schiminski gab dem Polizisten ein kleines Aufnahmegerät. „Mehr müssen Sie nicht wissen.“
Dann machten sich die beiden Männer zu Fuß auf den Weg. Sie schwiegen. Die Anspannung stand ihnen ins Gesicht geschrieben. Schiminski betrat allein den Gastraum des Restaurants. Links vor dem Tresen saßen zwei Männer mittleren Alters. Schiminski ging direkt auf den Tisch zu.
„Guten Tag, darf ich mich zu Ihnen setzen?“
Die beiden Männer schienen so überrascht, dass sie nach einer Antwort suchen mussten. Doch da saß der Sauerländer bereits am Tisch der Russen und erklärte sein Anliegen.
„Ich finde die Wirtschaftsbeziehungen zwischen Deutschland und Russland sollten angekurbelt werden.“ Immer noch schauten die Männer Schiminski fragend an. „Ich brauche ganz dringend einige wunderbare Waren, die ich gut bezahlen werde. Einige Flaschen Krimsekt.“
Einer der Russen nickte.
„Dann brauche ich noch russische Pilotenuhren.“
„Kein Problem, wenn Sie bringen Geld.“
„Bar bei Lieferung.“ Schiminski griff in seine Hosentasche und zog einige Geldscheine heraus. Es waren genau siebenhundert Euro, seine

Urlaubskasse. „Und dies ist eine kleine Anzahlung für Spesen, siebenhundert Euro. Geld gibt's bei Lieferung, natürlich in bar, harte Euro in gebrauchten Scheinen. Mach ich ja nicht das erste Mal."
Der Wortführer der Russen nahm sofort das Geld an sich.
„Ich brauche noch Kalaschnikows."
„Nein, geht nicht."
„Für Waffensammler, Freunde der russischen Technik."
„Nein!"
„Ich brauche hundert Stück."
„Geht nicht!"
„Ich zahle gut."
„Wie viel?"
„Fünfhundert Euro pro Stück."
Die beiden Russen tuschelten in ihrer Muttersprache.
„Okay, mein letztes Angebot, tausend Euro pro Kalaschnikow."
„Gut, Geschäft laufen!"
„Ich gebe Ihnen meine Telefonnummer. Sie rufen mich an. Wir treffen uns an einer Autobahnraststätte zur Übergabe der Ware. Dann erhalten Sie von mir einen schönen Koffer voller harter Devisen."
„Ja, so machen. Wir melden in zwei Wochen." Schiminski bedankte sich, verabschiedete sich per

Handschlag bei den Russen und verließ das Restaurant.
Vor der Tür stand Keschde. „Hast du alles aufgenommen?“ Keschde nickte. „Jetzt kommt Teil zwei. Ich gehe wieder rein. Du musst dich gut verstecken. Egal, was auch passiert, einfach nur weiter aufnehmen! Hörst du?“ Die Männer waren sich in dieser Situation so nah, dass automatisch aus dem Sie ein Du geworden war.
„Schiminski, ich hoffe, du weißt, was du da machst.“
Der Pensionär nickte. Doch er hatte keine Ahnung, auf was er sich da eingelassen hatte. Schiminski betrat nun wieder das Restaurant. Die Russen waren gerade dabei, ihre Rechnung zu bezahlen.
„Ich glaube, die Rechnung ist nicht vollständig.“
Die Männer schauten den Sauerländer fragend an.
„Es fehlt noch ein Mord.“
„Was soll das? Wer sind Sie?“
„Polizei!“
„Ja, und? Wir sind Diplomaten. Verschwinden Sie! Ihren dummen Streich werden wir einfach vergessen!“
„Was haben Sie mit dem Mord an dem amerikanischen Diplomaten zu tun? Warum musste er sterben? Und warum war er in den Pfälzer Weinbergen?“
„Schicken Anfrage an russische Botschaft!“
„Nein, ich brauche die Antwort sofort.“

Die Russen lachten laut. Einer der Männer zog eine Pistole.
Schiminskis Stimme wurde richtig laut und eindringlich: „Machen Sie jetzt keinen Fehler! Unser kleines Handelsgespräch von vorhin wurde von Kollegen mitgeschnitten und an unsere Zentrale weitergeleitet. Ich glaube, ihre Regierung macht mit Männern, die solche Geschäfte abwickeln und sich die eigenen Taschen füllen, kurzen Prozess."
Einer der Männer war aufgesprungen. Wirtin und Bedienung hatten längst den Raum verlassen und sich in der Küche eingeschlossen. Der Russe richtete seine Pistole auf Schiminski, der sich instinktiv auf den Boden fallen ließ. Der andere Russe hatte seinen Kollegen angebrüllt. Es begann ein Kampf der Männer, um die Waffe. Dann löste sich ein Schuss. Schiminski hatte sein Gesicht fest auf den Steinfußboden gedrückt und seine Hände schützend auf den Kopf gelegt. Bei dem Schuss war er zusammengezuckt. Er fühlte keinen Schmerz, nur eine Flüssigkeit, die vom Rücken auf den Boden rann. Schiminski war vorsichtig aufgestanden. Seine Beine waren noch wackelig. Er stand in einer großen blutroten Lache. Den Geruch kannte er: Blauer Burgunder.
Schiminski ging langsam auf die Russen zu. „Wir machen jetzt einen Deal. Sie berichten mir, wie es zu dem Toten im Weinberg kam, ganz inoffiziell. Und wir vergessen unser kleines Geschäftsgespräch. Die Aufnahmen werden gelöscht. Nach

unserem Gespräch gehen alle nach Hause und nichts ist passiert." Die beiden Männer diskutierten heftig in ihrer Muttersprache. „Gut", war die kurze Bestätigung des Deals. „War nur Handelskrieg um Wein. Deutscher Wein zu gut. Europa blockiert den amerikanischen Wein. Amerikaner haben asiatischen Schädling im Labor verändert, wollten ihn jetzt als Waffe gegen deutsche Reben testen. Deutsche Reben tot, dann freier Weg für genmanipulierte Weinstöcke aus Amerika. Die sind resistent gegen Killerkäfer. Amis dann Nummer eins bei Wein auf ganzer Welt. Wir haben Amis beobachtet und wollten stoppen Aktion", führte der Sprecher der Russen aus.
„Und dabei haben Sie dann den Amerikaner erschossen?", wollte Schiminski genau wissen.
„Nein, wir nicht schießen. Wir treffen militanten Aktivist und geben Unterstützung gegen Amis."
„Und wie sah Ihre Unterstützung genau aus?", fragte Schiminski nachdrücklich.
„Wir nur deutsche Polizeiwaffe besorgt", erklärte der Russe lautstark.
Schiminski nickte. Er hatte die Worte verstanden. „Also Keschdes Dienstwaffe haben Sie gestohlen. Warum musste es denn eine deutsche Polizeipistole sein?", wollte der pensionierte Beamte erfahren.
„Ja, alle Welt sollen sehen nur Streit Deutschland gegen Amerika, keine Spur nach Russland. Als Ami dann im Weinberg Killerkäfer aussetzen,

kam es zu Gerangel mit Umweltschützer. Der hat Pistole gezogen. Dann fiel Schuss und Ami war tot. Spuren haben wir beseitigt. Wir haben Waffe abgewischt und Käfer vernichtet. So war es wirklich. Video von Tat können wir senden. Dann ist unser Deal erfüllt."

Schiminski nickte.

In diesem Moment stürmten uniformierte Polizisten das Restaurant, an ihrer Seite Keschde. Nachdem erklärt worden war, dass zwischen dem Sauerländer und den Russen lediglich ein Gespräch über deutschen Wein stattgefunden hatte, durften die beiden Diplomaten St. Martin verlassen.

Keschde erschrak: „Schiminski, Sie sind verletzt. Wir brauchen einen Notarzt."

„Du bist verletzt", entgegnete Schiminski.

„Ich?", fragte Keschde irritiert.

„Wir waren beim Du. Aber alles ist gut. Es ist nur Blauer Burgunder", erklärte Schiminski mit ruhiger Stimme.

In diesem Moment mischte sich die Wirtin ein: „Nur Blauer Burgunder? Habe ich das richtig gehört. Das ist ein ganz edles Tröpfchen."

„Ja, ein richtig guter Schluck, blutrot."

Ein guter Schluck dazu:

„Kleiner Alois“
Cuvée
Cabernet Sauvignon & Merlot
Trocken

Weingut Aloisiushof
Wein & Sekthaus Alois Kiefer GmbH
Mühlstr. 2
67487 St. Martin

www.aloiskiefer.de

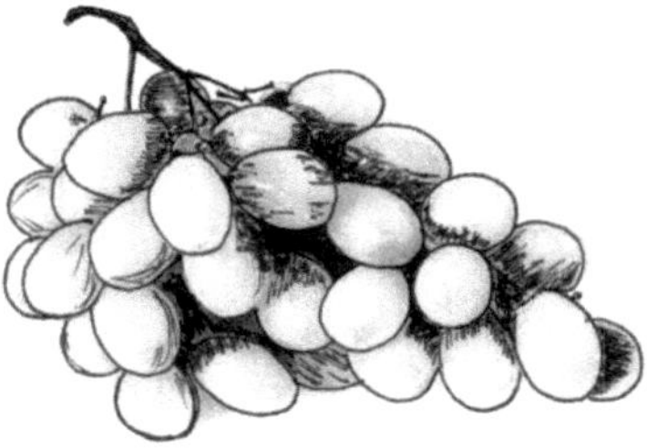

Kirrweiler St. Laurent
Trocken

Weingut Faubel
Marktstr. 86
67487 Maikammer

www.weingut-faubel.de

Astrid. Kallweit

Der Raubritter von Burg Rotstein
(Tatort: Pfalz / Südliche Weinstraße)

Das Herz des Vaters klopfte wild. Er hatte nur einen Gedanken. Er musste seine Tochter retten. Mit den Getreuen im Gefolge kämpfte er sich hoch zur Burg Rotstein. Während er schwitzend Meter um Meter emporstieg, hatte er ihr schönes anmutiges Gesicht und ihre zarte Gestalt vor Augen. Dieses wundervolle, zerbrechliche Wesen war nun gefangen im Burgverlies des Raubritters, doch er würde sie retten. Als sie sich den Mauern der Burg näherten, sahen sie den Raubritter auf den Zinnen stehen. Der grinste nur und lachte so widerlich, dass dem Vater und seinen Getreuen kalte Schauer über den Rücken liefen. „Wenn du deine schöne Tochter wiedersehen willst, gib mir 600 Taler und dein ganzes Gold“, rief der Raubritter unter lautem Gelächter, während er ein Ledersäckchen an einem Seil von den Zinnen herunterließ. Der Vater tat eiligst seine ganzen Reichtümer hinein. Jetzt war er ein armer Mann, aber es war ihm nicht wichtig. Er wünschte sich nichts sehnlicher, als seine Tochter wieder in die Arme zu schließen.

Doch der Raubritter hatte nichts Gutes im Sinn. Er lachte schallend und stürzte das Mädchen von der Burg hinab in die Tiefe direkt vor die Füße

des Vaters. Vor Gram über den Tod seiner Tochter starb dieser wenige Tage später.
Der Räuber aber erhielt seine gerechte Strafe. Als er starb, fuhr seine Seele in ein Flämmchen hinein und schwebt nun auf ewig jede Nacht um die Burg Rotstein.
Die Schriftstellerin blickte auf und nahm ihre Brille ab. Bea und Antonia klatschten begeistert Beifall. Sie saßen inmitten einer kleinen Gruppe von Zuhörern in der Brunnenhütte, die sich in einem Tal des Pfälzer Waldes befindet. Heute, an ihrem ersten Urlaubstag hatten sie eine Wanderung hierher unternommen. Zur ihrer Überraschung gab es in der Hütte des Pfälzer Waldvereins neben Saumagen und Wein eine Lesung alter Sagen, die sich alle in der Nähe des Tales zugetragen haben sollen.
„Was für ein wunderschöner Tag", seufzte Bea. „Und was für mystische Geschichten. Wir sollten mal nachsehen, ob das Flämmchen abends noch immer um die Burg Rotstein schwebt."
„Das ist typisch für dich", lachte Antonia. „Da geht wohl mal wieder deine Fantasie mit dir durch. Lass uns lieber aufbrechen, damit wir zurück sind, bevor es dunkel wird. Das geht um diese Jahreszeit schnell."
Die beiden Freundinnen lebten in dem Städtchen Menden am Rande des Sauerlandes. Jedes Jahr Ende Oktober fuhren sie gemeinsam ein paar Tage in die Pfalz.

Die 35-jährige Bea freute sich schon das ganze Jahr auf den Urlaub von ihrer Familie. Sollte sich Matthias doch um Haushalt und Kinder kümmern, dann würde er mal wieder merken, was Frau den ganzen Tag so leistet. Bea lebte mit ihrem Mann und ihren beiden kleinen Töchtern in einer alten Villa im Herzen von Menden. An zwei Tagen in der Woche arbeitete sie als Krankenschwester in der Nachtschicht. Ihre Familie und ihre Patienten liebten ihr lebendiges Wesen und ihre blühende Fantasie.

Ihre Freundin Antonia wohnte allein in einer kleinen Eigentumswohnung am Stadtrand. Sie steckte ihre ganze Energie in ihren Beruf als Leiterin der Exportabteilung eines mittelständischen Unternehmens für Badezimmerausstattung und Armaturen im Sauerland. Wer Antonia nicht kannte, hielt sie sehr schnell für kühl und arrogant, was aber in keinster Weise der Realität entsprach, da sie ein sehr offenes und warmherziges Wesen hatte.

Auch optisch waren die beiden Frauen sehr unterschiedlich. Während die rothaarige Bea ein wenig rundlich war und sich meist lässig kleidete, war die schlanke Antonia überaus eitel und jugendlich modern. Selbst in der Wanderkleidung, die sie heute trug, sah sie toll aus. Die schwarzen Haare mit der auffälligen blonden Strähne waren perfekt gestylt und sie war wie immer tadellos geschminkt. Das kleine Piercing am Nasenflügel

und das Tattoo am rechten Schulterblatt sorgten für eine leichte Extravaganz.
Jedes Jahr fuhren die beiden Frauen für ein paar Tage in den kleinen Ort St. Michael in der Pfalz. Sie liebten dieses Fleckchen Erde, die Mischung aus Weinbergen, dem Pfälzer Wald mit seinen vielfältigen Wandermöglichkeiten, das gute Essen, die leckeren Weine und natürlich die unkomplizierten und geselligen Menschen.
Diesmal hatte Bea eine ganz besondere Unterkunft gefunden. Sie wohnten ungefähr zwei Kilometer aus dem Ort entfernt auf der Totenackerstraße, die tief in den Pfälzer Wald führte. Hier lag im Tal ein eher unscheinbares Haus, das auf den ersten Blick nicht wie eine Gaststätte oder Pension aussah, das Wolfsnest. Wer es nicht kannte, konnte meinen, es sei ein privates Wohnhaus. So fühlte es sich auch an, wenn man an diesem Ort zu Gast war. Der Besitzer Jacob Mertens begrüßte die Urlauber eher als Freunde denn als zahlende Gäste. Die beiden Freundinnen hatten mit ihrem Quartier wirklich Glück gehabt.
Als sie jetzt aus der Brunnenhütte traten, folgten ihnen zwei Männer mit einem wuscheligen hellbraunen Hund. Sie wohnten auch im Wolfsnest. Antonia hatte die beiden bereits bei ihrer Ankunft gesehen, als sie und Bea ihre Reisetaschen auspackten. Die beiden Männer hatten im Hof gestanden und geraucht. Antonia fand den größeren dunkelhaarigen Mann überaus attraktiv und fragte

sich gerade, ob er wohl solo sei, als dieser sie ansprach: „Hallo ihr zwei, ich habe euch doch schon heute Morgen bei der Ankunft im Wolfsnest gesehen. Da haben wir ja wohl denselben Weg.“

Seine Stimme hatte einen französischen Akzent. Antonia lief ein angenehmer Schauer über den Rücken, als er weitersprach: „Ich bin übrigens Pierre und das ist mein Mann Uwe“, er zögerte. „Also, seit heute mein Mann. Wir haben in Landau geheiratet und sind nun quasi in unserem Flitterwochenende.“ ‚Ups‘, dachte Antonia. ‚Das wird wohl nix, schade. Die schönsten Männer sind entweder in festen Händen, schwul oder Mistkerle.‘ Schwanzwedelnd verlangte der Hund nun auch nach einer Begrüßung. „Das ist übrigens Snoopy, unser Wachhund.“ „Das habe ich mir schon gedacht“, lachte Bea. „Das braune Wollknäuel sieht auch sehr furchterregend aus.“

Nachdem Antonia und Bea sich ebenfalls vorgestellt hatten, ging es im lockeren Plauderton zurück nach St. Michael. Die kleine Gruppe verstand sich sofort prächtig. „Ihr habt uns übrigens das beste Zimmer vor der Nase weggeschnappt“, sagte Pier mit leicht vorwurfsvoller Stimme. „Eigentlich wollten wir die Hochzeitsnacht darin verbringen. Bea hatte im Wolfsnest ein Zimmer in einem restaurierten Zirkuswagen gebucht, der auf dem Hof stand. Antonia war ihr vor Begeisterung um den Hals gefallen, als sie die exotische

Unterkunft sah. Jetzt hatte sie ein schlechtes Gewissen, dass sie den beiden frisch Vermählten das Quartier weggeschnappt hatten. „Wenn es euch so wichtig ist, können wir die Zimmer auch tauschen“, schlug sie großzügig vor. „Ist schon okay“, lehnte Pierre ab. Ich bin so glücklich, wenn ich mit Uwe zusammen sein kann, da ist das Zimmer wirklich nicht so wichtig.“
Als sie am Wolfsnest ankamen, bat Piere darum, einen Blick in den Zirkuswagen werfen zu dürfen. „Damit wir wenigstens mal sehen, was wir verpassen.“ Das Zimmer war wirklich hübsch eingerichtet. Man kam zuerst in einen kleinen Wohnraum mit einer senfgelben Ledercouch und einen Kaminofen. Es gab ein kleines Badezimmer, dass mit bunten Mosaikkacheln gefliest war. Am Ende lag das Schlafzimmer, in dem doch tatsächlich ein Himmelbett stand. Uwe seufzte, als er wieder ins Freie trat: „Wie romantisch. Aber unser Zimmer im Haus ist auch sehr schön. Also dann bis später. Wir sehen uns beim Abendessen. Tschüss, Mädels.“
Antonia warf ihren Rucksack mit einem Schwung in die Ecke. „So, jetzt brauche ich erst einmal eine Dusche.“ „Na, dann gehe ich mir in der Zwischenzeit eine rauchen. Du kannst mich ja rufen, wenn das Bad frei ist“, antwortete Bea und verschwand mit einer schmalen Lederschachtel bewaffnet in den Hof. Während sie sich auf die Stufen des Zirkuswagens setzte, steckte sie sich eine

Zigarette an und zog genüsslich daran. Plötzlich hörte sie eine aufgeregte Männerstimme. Sie beugte sich unauffällig vor und sah einen großen, bärtigen Mann, der ein hitziges Telefongespräch führte. Neugierig spitzte sie die Ohren.
„Ich habe nicht gewusst, dass der Deal so groß ist. Du hast mich also als Strohmann für deine schmutzigen Insidergeschäfte benutzt. Deshalb sollten die Konten auch auf den Namen meiner Mutter laufen", hörte sie den Fremden sagen. „Ich will fünfzig Prozent. Ich werde den Rest wie vereinbart auf das Konto auf den Cayman Inseln übertragen … Was heißt hier gierig? Ich hatte doch auch ein Risiko … Du kannst mir ruhig drohen. Du wirst mich hier sowieso nicht finden und bei der Polizei anzeigen kannst du mich ja wohl schlecht. Oder willst du uns gleich ein Doppelzimmer im Knast buchen?" Der Mann hörte eine Weile schweigend zu. Als er dann wieder sprach, klang seine Stimme drohend: „Wage es nicht, dich mit mir anzulegen. Du bluffst doch. Was willst du damit sagen? Ich sehe Lotte nie wieder? Zu so etwas bist du doch gar nicht in der Lage."
Es dauerte einen Moment, bis der Fremde wieder anfing zu reden. „Ja, ich werde mich sofort um die Überweisung kümmern … Okay, wenn du darauf bestehst, dann treffen wir uns morgen … Gut, ich werde auf deine Anweisung warten aber bring Lotte mit."

Bea verschwand ungesehen im Zirkuswagen, dabei wäre sie fast mit Antonia zusammengestoßen, die mit nassen Haaren aus dem Bad kam. „Nicht so stürmisch, meine Liebe. Hast du einen Geist gesehen? Du bist ja ganz blass."
Antonia hörte schweigend zu, als Bea ihr von dem Gespräch erzählte. „Dass du deine Nase auch immer in Dinge stecken musst, die dich nichts angehen. Allerdings, wenn es wirklich um Insiderhandel geht, müsstest du eigentlich zur Polizei gehen. Das ist kein Kavaliersdelikt. Außerdem weißt du nicht, was mit dieser Lotte passiert."
Bea schaute die Freundin nachdenklich an. „Eigentlich hast du recht, aber ich kann ja nichts beweisen und Lotte könnte ja auch ein Pferd oder ein Hund sein. Ich glaube, ich vergesse die Sache mal schnell wieder. Vielleicht habe ich das ja auch irgendwie falsch verstanden."
„Was meinst du denn mit falsch verstanden?", warf Antonia ein. „Ist deine Fantasie mal wieder mit dir durchgegangen und du hast die Hälfte am Ende dazu gedichtet?"
„Ich glaube, ich muss noch mal in Ruhe darüber nachdenken. Weißt du was, ich besorge uns erst mal ein Gläschen Secco. Danach gehe ich unter die Dusche und wir genießen den Abend. Zur Polizei kann ich morgen immer noch gehen."
Als Bea die kleine Gaststätte betrat, um die Getränke zu besorgen, wäre sie fast mit einem älte-

ren Ehepaar zusammengestoßen. „Ups“, der alte Herr lächelte sie charmant an. „Nicht so stürmisch junge Frau. Wir sind nicht mehr so schnell.“
„Oh, tut mir leid. Ich wollte ja nicht …“
„Schon gut. Es ist ja nichts passiert“, schaltete sich die ältere Dame ein. Ich bin übrigens Doris und das ist mein Mann Herbert. Wir sehen uns sicher später beim Abendessen.“ Mit diesen Worten gingen die beiden händchenhaltend auf den Hof.
„Ein Gläschen lohnt sich doch gar nicht. Lasst es euch mal richtig gut gehen. Die werdet ihr schon schaffen“, mit diesen Worten drückte der Wirt Bea eine ganze Flasche Secco und zwei Gläser in die Hand. Er sollte recht behalten, die beiden Freundinnen hatten bereits einen kleinen Schwips, als sie mit Duschen und Schminken fertig waren.
Da es im Oktober abends schon recht kühl war, hatte Jacob Mertens im Gastraum den Kamin angezündet. Die meisten Gäste waren schon da. „Na, Mädels, dann kommt mal rein in die gute Stube“, begrüßte er Antonia und Bea mit einem warmen Lächeln. „Ich dachte, ich setze euch an den großen Tisch. Uwe und Pierre kennt ihr ja schon. Gleich kommen noch Doris und Herbert, mit denen Bea ja vorhin schon stürmische Bekanntschaft gemacht hat. Vor Kopf sitzt Oliver, der ist alleine hier. Ihr werdet euch bestimmt gut

verstehen. Zwei Flaschen Winzersekt stehen schon bereit. Passt auf, dass die Jungs euch nicht alles wegtrinken."

„Scheiße", raunte Bea. „Oliver ist der Typ mit dem Telefongespräch. Jetzt müssen wir uns zu dem Kriminellen setzen. Lass dir bloß nichts anmerken. Wenn der merkt, dass wir Bescheid wissen, mischt der uns wahrscheinlich Gift ins Essen."

„Danke, Jacob, da hast du aber nette Gesellschaft für uns ausgesucht", sagte Oliver in Richtung Wirt. „Setzt euch, ihr zwei Hübschen. Wie wäre es mit einem Gläschen Sekt?", dabei schenkte er ihnen ein Lächeln. Eigentlich sah er ganz sympathisch aus. ‚Nur nicht nervös werden', dachte Bea. ‚Ich versuche einfach nicht an das zu denken, was ich vorhin gehört habe, und genieße den Abend.'

Als Doris und Herbert als letzte Gäste hereinkamen, wurden sie von dem Wirt mit den Worten „Na, ihr zwei Turteltäubchen, da seid ihr ja endlich. Was habt ihr denn noch so lange gemacht?" begrüßt. „Jacob", Doris sah den Wirt verschmitzt an. „Ein bisschen mehr Diskretion bitte. Es müssen ja nicht alle gleich wissen, dass wir in den Flitterwochen sind." Die beiden setzten sich zu den anderen an den Tisch. „Also ich bin Herbert und das ist Doris. Ich hoffe, ihr seid damit einverstanden, dass wir beim Du sind. Das mit den Flitterwochen stimmt sogar. Wir sind nämlich heute genau 55 Jahre verheiratet. Mein Zuckerschnütchen braucht immer etwas länger im Bad. Deshalb sind wir mal wieder etwas spät dran." „Ach Dicker, in meinem Alter muss man eben ein Pfund Schminke mehr auftragen", konterte Doris. Herbert grinste. „Ja, bei den Mädels in deinem Alter wird nicht mehr gecremt, sondern gespachtelt." Doris knuffte ihren Mann unsanft in die Seite: „Jetzt hätte ich aber gerne endlich etwas zu Trinken." Oliver reichte ihr ein Glas Sekt. „Bitte schön, Madam. Auf einen schönen Abend."

„Ich muss erst einmal etwas essen, sonst bin ich gleich betrunken", stellte Antonia nach dem Aperitif fest. Wie gerufen kam auch schon der Gruß aus der Küche. „Pass mal auf, was Oliver so erzählt. Vielleicht verplappert er sich ja. Wir sollten nicht so viel trinken", raunte sie Bea leise zu. Das war leichter gesagt als getan. Jacob servierte mit Unterstützung einer hübschen, jungen Kellnerin einen Gang nach dem anderen. Es gab hausgemachte Multi-Color-Gnocchi mit Tomatensugo und Parmesan, Wildkräutersalat mit Balsamico-Dressing, Tiroler Kalbs-Hüfte mit frischen Pfifferlingen und hausgemachte Schokoladentarte. Zu jedem Gang wurde ein passender Wein gereicht. Bea und Antonia hatten sich zur Hauptspeise für einen Rotwein entschieden. Jacob brachte eine Cuveé vom Weingut Zander aus St. Michael. Der Wein war nach einem der Söhne des Winzers benannt, Leonardo. „Der ist aber lecker“, schwärmte Antonia begeistert. „Der schmeckt so schön voll und samtig.“ Bea sah die Freundin besorgt an. Eigentlich hatten sie beide schon mehr als genug getrunken. Auch bei den anderen Gästen zeigte der Alkohol bald seine Wirkung. Das war auch das Ziel von Jacob. Er liebte es, wenn seine Gäste leicht beschwipst immer lockerer wurden und sich jeder mit jedem unterhielt. Antonia und Bea hatten schon bald vergessen, dass sie mit einem vermeintlich Kriminellen am Tisch saßen.

„Antonia?“, fragte der auch nicht mehr ganz nüchterne Oliver ganz direkt. „Wie kommt es denn, dass eine so schöne Frau solo ist? Die Männer müssten bei dir doch Schlange stehen.“ Bea beobachtete Antonia, die wie aus Versehen den Träger ihres Shirts über die Schulter rutschen ließ, sodass die kleine schwarze Rose am Schlüsselbein zum Vorschein kam. ‚Verdammt, jetzt macht die auch noch diesen Kriminellen an‘, fuhr es Bea durch den Kopf. Schlagartig war sie wieder hellwach. Das wie zufällig plötzlich sichtbare Tattoo war das unverkennbare Zeichen, dass die Freundin einen Mann anbaggerte. Das funktionierte meistens bei den Jungs, endete aber bei Antonia mit regelmäßiger Zuverlässigkeit in einer Katastrophe. Sie musste sich etwas einfallen lassen. Sie wandte sich an die inzwischen heftig flirtende Antonia: „Ich muss mal. Kommst du

mit?“
„Jetzt, wo du es so sagst. Hick! Ich sollte auch mal mein Näschen pudern gehen.“
Die beiden verschwanden leicht schwankend aus dem Gastraum. „Bist du bescheuert? Du kannst doch nicht mit diesem Kriminellen anbändeln.“
„Ach, das ist doch nur Spaß. Der ist echt süß.“
„Ja toll und wahrscheinlich mit dieser entführten Lotte verheiratet.“
„Quatsch, Lotte ist doch nur das Pferd. Du hast zu viel Fantasie. Ich finde den echt schnuckelig. Du gönnst mir aber auch keinen Spaß. Du hast es gut, du hast ja auch einen Kerl zu Hause.“
„Sag mir nur nachher nicht, dass ich dich nicht gewarnt hätte.“
„Okay, reicht ja auch für heute Abend. Wir gehen wieder rein, trinken noch ein winziges Gläschen und verschwinden dann zum Träumen ohne Mann in unseren Zirkuswagen.“
„Versprochen.“
„Versprochen.“
Eine halbe Stunde später waren die zwei tatsächlich auf dem Weg zurück in den Zirkuswagen.
„Sag mal, in welchem Zimmer wohnt dein Oliver eigentlich?“
„Das ist nicht mein Oliver. Du hast mich ja nicht mit ihm gelassen.“
„Jetzt hör doch mal auf. Was willst du denn mit einem Gangster? Deine Männer waren auch so schon immer eine Katastrophe. Solange Oliver

noch im Gastraum ist, könnten wir ja mal einen kleinen Blick in sein Zimmer werfen. Vielleicht finden wir etwas Verdächtiges."

„Ach Bea, du immer mit deinen fantastischen Geschichten. Was willst du denn da finden? Meinst du, der hätte die Nummer von seinem Schwarzgeldkonto für dich auf den Tisch gelegt?"

„Jetzt komm. Du stehst Schmiere und ich werfe mal einen kleinen Blick hinein."

„Ja, weil du's bist. Aber wirklich nur einen klitzekleinen Blick."

Die beiden schlüpften in den dunklen Flur. Antonia tastete suchend die Wand ab. „Wo ist denn hier der Lichtschalter?"

„Bist du verrückt, dann kannst du gleich im Gastraum Bescheid sagen, dass wir mal eben das Zimmer des Kriminellen durchsuchen müssen. Hast du keine Taschenlampe dabei?"

„Sorry", antwortete Antonia und prustete laut los. „Sonst nehme ich zum Abendessen immer eine mit. Nur gerade heute nicht."

„Pst! Ist ja schon gut. Da vorne ist die Tür." Bea nahm eine Nagelpfeile und prockelte etwas in dem alten Schloss. Wie durch ein Wunder öffnete sich die Tür nach kurzer Zeit.

Antonia war überrascht. „Woher kannst du das denn?"

„Habe ich von meinem Vater gelernt. Der hat früher immer seinen Haustürschlüssel vergessen."

Ein schmaler Lichtschein fiel von außen in das Zimmer. Bea schlich vorsichtig hinein. Antonia schwankte vorwärts und folgte ihr in den Raum. Dabei kam ihr allerdings die etwas erhöhte Türschwelle ins Gehege. Sie stolperte und fiel mit einem lauten Krachen unsanft auf die Nase. Bea bekam einen Schweißausbruch. „Scheiße! Das war wohl im ganzen Haus zu hören. Wir müssen hier weg. Als Antonia sich stöhnend aufraffte, schaute sie plötzlich in das gar nicht mehr so freundliche Gesicht von Oliver. „Was zum Teufel macht ihr denn hier?“, polterte der los. „Wir …, wir suchen das Klo.“ „Macht, dass ihr wegkommt, sonst zeige ich euch bei der Polizei an.“
Antonia und Bea schlichen sich schnell davon und verschwanden schweigend in ihrem Zirkuswagen. „Dass ich nicht lache. Der wird uns ganz bestimmt nicht bei der Polizei anzeigen“, stellte Bea fest, um dann laut schnarchend in der Traumwelt zu versinken.

Am selben Abend hatte sich Charlotte mit ihrer Freundin beim Italiener getroffen. Es war schon sehr spät, als sie die Rechnung verlangten, denn die beiden hatten sich viel zu erzählen. Charlotte wurde von ihren Freunden meist Lotte genannt. Sie wohnte mit ihrem Mann Oliver in einem Reihenhaus am Stadtrand von Neustadt, wo sie sich beide sehr wohlfühlten. Als sie jetzt das Auto vor dem Haus parkte, war es bereits weit nach Mitternacht. Sie stieg aus und öffnete das Gartentor. Hatte sich da hinter dem Busch nicht irgendetwas bewegt? Charlotte ging schnell zur Haustür und suchte nervös nach dem Schlüssel. ‚Verdammt! Wieso sind diese Handtaschen immer so groß und unübersichtlich?‘ Plötzlich wurde sie von hinten festgehalten. Jemand drückte ihr ein Tuch vor den Mund, sodass sie nicht schreien konnte. Dann wurde es dunkel.

Als Charlotte aufwachte, saß sie in einem Raum mit verdunkelten Fenstern und war an einen Stuhl gefesselt. Roger, der Mann, mit dem Oliver seit kurzem Geschäfte machte, stand vor ihr. Da hatte sie also doch den richtigen Instinkt gehabt. Sie hatte diesem Kerl von Anfang an nicht getraut. „Du brauchst nicht zu schreien, Lotte“, hörte sie Roger jetzt sagen. „Dich hört hier niemand. Mach dir keine Sorgen. Wenn dein Oliver keinen Fehler macht, bist du morgen wieder zu Hause.“

„Du Mistkerl“, schrie Charlotte ihm zornig ins Gesicht, dabei schlug ihr das Herz vor Angst bis zum Hals. „Lass mich hier raus. Das ist Freiheitsberaubung.“

„Du bist bestens über alle Geschäfte informiert und weißt genau, dass dein Oliver mich über den Tisch ziehen will. Du wirst hier in Ruhe abwarten, bis ich dich wieder laufen lasse. Danach werdet ihr diesen Vorgang vergessen. Ihr hängt nämlich beide mit drin.“

Auf dem Tisch vor ihr lag ihre Handtasche. Roger öffnete sie und nahm das Handy heraus. Er grinste: „Das nehme ich wohl besser mit. Bis später, Lotte.“ Dann verließ er den Raum. Charlotte hörte, wie der den Schlüssel zweimal herumdrehte. Draußen startete ein Auto und fuhr davon.

Die Sonne stand schon hoch am Himmel, als Bea die Augen aufschlug. Im ersten Moment wusste sie gar nicht, wo sie war. Sie spürte nur einen stechenden Schmerz im Kopf. Als sie das liebevoll gestaltete Zimmer sah, fiel es ihr wieder ein. Ihr schossen tausend Gedanken gleichzeitig durch den Kopf: Das Wolfsnest, der Zirkuswagen, Antonia und das wundervolle Abendessen mit viel Wein, etwas zu viel Wein. Dann fiel ihr Oliver wieder ein. ‚Ob der Verdacht geschöpft hat, dass wir etwas wissen? Ob der gefährlich ist? Wir haben uns aber auch ganz schön blöd angestellt.‘ Bea schlüpfte aus dem Bett. Sie schob die Gardine zur Seite. „Hilfe! Antonia, wach auf. Ein Ungeheuer.“ Bea blickte in zwei große dunkle Augen in einem riesigen, schwarzen Kopf, der mit zwei gigantischen Hörnern geschmückt war. Das Zotteltier stieß leicht mit der Nase an die Fensterscheibe. „Ein Monster, direkt vor unserem Fenster.“ Antonia wachte langsam auf: „Ich glaube, das ist der Restalkohol. Geh einfach noch mal ins Bett.“

Beas Stimme bebte: „Es ist real. Es ist riesig. Ich glaube, es will uns töten.“
Antonia stieg aus dem Bett, um sich selbst ein Bild zu machen. „Ach, du Scheiße! Wie kommt das denn hier hin?“
Das Tier schien das Interesse zu verlieren und zeigte den beiden Frauen sein Hinterteil, was zur Folge hatte, dass sich das Fenster komplett verdunkelte. „He, geh da weg, das ist unser Wagen.“
Das riesige Monster setzte sich gemächlich in Bewegung und gab die Sicht frei. Die beiden Freundinnen staunten nicht schlecht, als sie sahen, dass es sich in Richtung einer größeren Herde Zotteltiere bewegte. „Auerochsen“, kommentierte Antonia. „Das ist eine ganze Herde Auerochsen. Die leben doch hier in diesem Tal. Aber wie ist denn unser Wagen auf die Weide gekommen. Das gibt es doch gar nicht.“
Aus Beas Stimme klang Verzweiflung: „Die Frage ist doch: Wie kommen wir hier wieder weg? Ich werde ganz bestimmt nicht nach draußen gehen. Die Viecher sind echt groß. Die machen mir Angst.“
„Die sehen doch ganz friedlich aus. Ich glaube, die tun nichts.“
„Ne, die wollen nur spielen. Das ist ja auch völlig ungefährlich bei der Körpermasse. Ich gehe da nicht raus. Ich rufe jetzt die Polizei.“ Bea griff nach ihrem Handy. „Mist, Akku leer.“ „Meiner auch. Was machen wir denn jetzt?“

In diesem Moment hörten sie ein lautes Gejohle. Eine Gruppe junger Leute lief mit beiden Händen winkend auf den Wagen zu. Die Auerochsen grasten unbeeindruckt weiter. Antonia und Bea sahen sich achselzuckend an. Ein großer, rothaariger Mann riss die Tür zum Wagen auf und schaute die beiden erstaunt an. „Wer zum Teufel seid ihr denn?“
„Das wollte ich auch gerade fragen“, konterte Antonia.
„Ent…, Entschuldigung“, stotterte der Rothaarige. „Wir dachten, also wir wollten...“
In dem Moment steckte eine blonde, schlanke Frau den Kopf durch die Tür. „Sorry, wir dachten, dass Pierre und Uwe in diesem Wagen ihr Flitterwochenende verbringen. Tut mir leid, das ist wohl ein Missverständnis. Wir wollten den beiden einen Streich spielen. Aber wir haben etwas zu trinken mitgebracht.“ Die junge Frau schwenkte eine Flasche Secco. „Wie wäre es mit einem Versöhnungsbecher?“
Die unfreiwillig zusammengetroffene Gruppe leerte gemeinsam die zwei Flaschen Secco. Dann wurde der Zirkuswagen mit dem Trecker zurück ins Wolfsnest gebracht. Jacob Mertens hatte gerade überlegt, ob er die Polizei darüber verständigen sollte, dass sein mobiles Gästezimmer gestohlen worden war, als das lustige Gefährt langsam die Hauptstraße hinunterkam. Seine Wut legte sich schnell, als er den Grund des Diebstahls

erfuhr. „Na, dann mache ich erst einmal Frühstück. Kommt alle rein. Der Kaffee läuft schon“, hieß er die ganze Truppe willkommen.
„Meine Frau und ich sind übrigens heute Abend eingeladen“, informierte er wenig später seine Gäste. „Ihr müsst also unterwegs einkehren. Wir stellen etwas Käse und Brot in die Küche, für den Fall, dass ihr abends noch Hunger bekommt. Wein ist auch im Kühlschrank. Schreibt einfach auf, was ihr genommen habt.“
„Jacob, könntest du uns eine Flasche von dem köstlichen Leonardo hinstellen?“, fragte Antonia.
„Steht schon auf der Anrichte. Lasst es euch schmecken.“
Nach dem Frühstück schnürte sich Bea die Wanderschuhe.
„Was hast du denn vor? Ich dachte, wir machen es uns jetzt hier im Garten gemütlich.“
„Du kannst doch nicht den ganzen Tag hier herumhocken. Los jetzt. Lass uns das schöne Wetter ausnutzen.“
Antonia stöhnte: „Das du auch kein Sitzfleisch hast. Mit dir muss ich jeden Tag einen Marsch machen. Ich bin doch nicht beim Militär.“
„Na, komm schon. Ich habe uns eine schöne Tour ausgesucht. Herumsitzen kannst du noch, wenn du eine alte Schachtel bist!“
„Sehr charmant, also gut. Ich komme ja schon.“
Die beiden liefen den Wanderweg Deutsche Weinstraße in Richtung Süden. Es wurde ein

schöner sonniger Tag. Sie genossen die Aussicht auf die Weinberge und die hübschen kleinen Orte, durch die sie hindurchkamen. Auf dem Rückweg kehrten sie in der Brunnenweiler Mühle ein, die ihnen Jacob Mertens empfohlen hatte. Da alle Tische in der Gaststube besetzt waren, nahmen sie zuerst auf der Terrasse Platz, muckelten sich in eine Decke, genossen die Sonne und bestellten eine Flasche Weißburgunder. Als eine ganze Weile später ein Tisch in der Gaststätte für sie frei wurde, hatten sie den Wein schon ausgetrunken, sodass sie sich zu Saumagen mit Kraut eine weitere bestellen mussten. Der Alkohol zeigte bald Wirkung und die beiden mussten sich nun ziemlich beschwipst auf den Heimweg machen.
„Sollten wir nicht lieber ein Taxi nehmen?“, fragte Antonia mit einem besorgten Blick zur Sonne, die schon bald hinter den Bergen verschwinden würde.
„Quatsch! Taxi! Du bist doch nur zu faul zum Laufen. Auf geht’s!“ Bea ließ sich nicht beirren.

Nachdem Charlotte irgendwie die Nacht in ihrem Gefängnis überstanden hatte, überkam sie langsam Panik. Sie hatte Durst und sie musste dringend auf die Toilette. War dieser Roger denn vollkommen verrückt, sie hier so lange festzuhalten? Sie musste hier raus. Ihr Blick fiel auf die Handtasche, die auf dem Tisch lag. Charlotte beugte sich vor und zog sie mit dem Mund an

sich heran. ‚Ich muss die Nagelfeile herausholen', dachte sie.
Sie ließ die Tasche auf ihre Knie gleiten und öffnete den Reißverschluss mühevoll mit dem Mund. Zum Glück fand sie sofort die Nagelfeile. Sie ließ die Feile vorsichtig auf den Stuhl neben sich fallen, sodass sie mit der linken Hand danach greifen konnte. ‚Jetzt bloß nicht die Feile herunterwerfen.'
Charlotte schwitzte. Nach einer Weile schaffte sie es tatsächlich, das Seil zu durchtrennen. Sie rieb sich die Handfesseln und stürzte zum Wasserhahn in der Ecke, um ihren Durst zu löschen. Die ganze Aktion hatte bestimmt eine Stunde gedauert. ‚Jetzt muss ich noch hier raus', dachte sie verzweifelt und machte sich auf die Suche nach möglichem Werkzeug. ‚Hoffentlich kommt Roger nicht zurück.'
Charlotte konnte sich tatsächlich nach einiger Zeit, aus dem Raum befreien. Von ihrem Entführer war Gott sei Dank immer noch nichts zu hören und zu sehen. ‚Dieser Mistkerl', dachte sie. ‚Der hätte mich hier einfach verdursten lassen.' Sie trat vor die kleine Berghütte, die ihr Gefängnis gewesen war und sah sich um. Sie hatte keine Ahnung, wo sie war. Um sie herum gab es nur Bäume. Es wurde schon dunkel. Sie musste sich beeilen. Ein breiter Waldweg führte ins Tal hinunter. ‚Roger wird einen Geländewagen benutzt

haben‘, dachte sie und lief mit klopfendem Herzen los.
‚Wer weiß, was der mit Oliver vorhat?‘
Charlotte hatte nur einen Gedanken. Sie musste ihren Mann rasch finden und ihn warnen. Dieser Roger war echt gefährlich. Sie hatten ihn unterschätzt.
Roger fuhr am frühen Abend nach St. Michal. Er hatte Oliver die Nachricht auf das Handy geschickt, dass er ihn um 19:00 Uhr an der Burg Rotstein am Ende des steilen Wanderweges, der aus Unterrotburg hinaufführt, treffen würde. Er hatte geplant, die letzte Seilbahn aus dem Ort zu nehmen und seinen ‚Geschäftspartner‘ dort oben zu empfangen. Um diese Jahreszeit wurde es bereits am frühen Abend dunkel, sodass die Touristen weg sein würden. Sie wären also ungestört und im Notfall könnte man von dort in alle Richtungen unbemerkt im Wald verschwinden. Es würde alles ganz schnell gehen. Niemand würde ihn mit Oliver in Verbindung bringen und nach ihm suchen, wenn Oliver am nächsten Morgen gefunden würde. Dann müsste er nur noch einen Weg finden, wie er Lotte aus dem Weg schaffen konnte. Ein kleines Feuerchen, das zufällig in der Hütte ausbricht, wäre nicht schlecht. Roger steckte die Taschenlampe und die Walther PP in seinen Rucksack, dann machte er sich zielstrebig auf den Weg. Als er an der Seilbahn ankam, sah er schon von weitem das Hinweisschild ‚Heute we-

gen Trauerfall geschlossen'. ,Das fängt ja gut an', dachte Roger wütend, als er sich zu Fuß auf den Weg machte. ,Hoffentlich ist das kein böses Omen.'
Sportlich, wie er war, bewältigte er den Anstieg problemlos. Oben an der Burg war tatsächlich kein Mensch mehr zu sehen. Um sich einen guten Überblick zu schaffen, stellte er sich auf das Mäuerchen, das die Burg umgibt, und leuchtete mit seiner Taschenlampe die Umgebung ab.
Bea hatte nicht damit gerechnet, dass es so schnell dunkel werden würde und dass es ihr nach dem Genuss der köstlichen Pfälzer Weine so schwer fallen würde, den Weg zurück zum Wolfsnest zu gehen. Zu allem Überfluss musste sie sich erheblich bemühen, um Antonia bei Laune zu halten, die langsam sauer wurde. Als sie in Unterrotburg ankamen, sah Bea oberhalb der Leonardshöhe Lichter flackern. „Antonia, schau mal dort oben, siehst du das auch?"
„Wo? Ich sehe nix."
„Na da oben im Berg. Da war ein Licht. Hast du das denn nicht gesehen?"
„Ach Bea, du hast wahrscheinlich zu viel getrunken. Jetzt lass uns endlich weiter gehen. Ich habe keine Lust mehr. Es wird immer dunkler. Wir verlaufen uns noch."
„Jetzt schau doch, da war es wieder. Da oben liegt doch die Burg Rotstein. Denk doch mal an die Sage, die wir in der Brunnenhütte gehört ha-

ben. Sagen haben oft einen wahren Ursprung. Vielleicht ist das Licht da oben die Seele des Raubritters."
Antonia wurde ungeduldig: „Du immer mit deiner blühenden Fantasie. Das ist doch Schwachsinn. Jetzt lass uns endlich gehen."
In diesem Moment hallte ein lauter Knall durch die Weinberge. Bea triumphierte: „Siehst du, das war ein Schuss. Ich habe es ja gleich gesagt, da stimmt etwas nicht."
„Du hast vielleicht einen Schuss. Das war wahrscheinlich ein Jäger."
„Ich habe so ein komisches Gefühl. Wir sollten mal nachsehen, was da los ist."
„Mensch Bea, mit dir bekomme ich aber auch immer Ärger. Da passieren immer die merkwürdigsten Dinge. Ich habe nichts gehört."
„Natürlich hast du. Los, komm."
Mit diesen Worten marschierte Bea den Berg in Richtung Leonardshöhe hinauf. Antonia blieb nichts anderes übrig, als ihr zu folgen. Schnaufend kamen die beiden am Ziel an. „So, jetzt müssen wir den Weg mit dem roten Punkt suchen", kommandierte Bea. „Der führt zur Burg."
Ohne eine Antwort abzuwarten, ging sie weiter. Antonia lief schimpfend hinter ihr her. „Verdammt, es wird immer dunkler. Ich kann die Wegmarkierung nicht mehr erkennen. Der muss es sein. Der führt ja steil nach oben. Den nehmen wir."

In Antonias Kopf schien ein Karussell zu fahren. Sie stapfte willenlos hinter der Freundin her. Nach einer guten Viertelstunde blieb sie trotzig stehen. „Mensch Bea, ich habe keine Lust mehr. So ein Schwachsinn. Du hast dir das alles nur eingebildet. Und überhaupt! Was sollen wir beide denn machen, wenn da oben etwas passiert ist? Wir drehen jetzt sofort um."
„Okay", antwortete Bea kleinlaut. „Ich weiß auch gar nicht mehr, wo wir sind. Hast du keine Taschenlampe dabei."
„Jetzt geht das wieder los. Ich habe keine Taschenlampe. Nimm doch dein Handy. Ich habe meins nicht dabei."
„Ja, aber der Akku ist fast leer. Vielleicht brauchen wir ja noch die Navigation."
Antonia lachte: „Du und Navigation. Das hast du ja früher mit der Wanderkarte schon nicht hinbekommen."
„Du bist echt gemein. Ich habe hier kein Netz, sonst würde ich die Bergrettung rufen."
Antonia verdrehte die Augen: „Toll, was willst du denen denn sagen? Wir sind zwei betrunkene Frauen, die sich bei der Jagd nach der Seele des Raubritters im Wald verirrt haben. Ich nehme an, die werden sofort mit einem Hubschrauber vorbeikommen."
„Meinst du wirklich? Aber wo soll der denn hier im Wald landen?"

„Bea!“
„Schon gut. Lass uns mal diesen Weg ausprobieren.“
Sie erreichten tatsächlich nach kurzer Zeit wieder die Villa Leonardshöhe. Antonia atmete auf. „So, jetzt schau mal nach, ob du hier wieder ein Netz hast.“
„Soll ich jetzt doch die Bergrettung rufen?“
Antonia stöhnte: „Nein, aber vielleicht ein Taxi.“
Eine halbe Stunde später saßen die beiden im Gastraum des Wolfsnestes, um nach dem Schreck noch einen Absacker zu nehmen.

Charlotte musste lange marschieren, bevor sie auf eine breite Straße kam. Sie konnte kaum noch die Hand vor Augen sehen. Sie lief nun auf einem schmalen Waldweg, der oberhalb der Straße entlangführte. ‚Ich werde ja jetzt wohl irgendwann in einen Ort kommen‘, dachte sie. ‚Dann kann ich versuchen, Oliver zu erreichen.‘
Auf der anderen Straßenseite sah sie plötzlich ein Haus, in dem Licht brannte. ‚Gott sei Dank‘, dachte Sie. ‚Ich bin gerettet.‘
Sie überquerte die Straße und trat auf den Hof. Zu ihrer Überraschung stand das Auto von Oliver dort. Ihr Herz hüpfte. ‚Welch ein Glück, ich habe ihn gefunden.‘
Von Oliver selbst gab es aber keine Spur. Sie traf nur zwei nette Frauen an, die Urlaub machten und ihr erklärten, dass alle anderen Gäste und auch

die Eigentümer ausgeflogen seien. Die beiden stellten sich als Antonia und Bea vor. Charlotte hatte sofort Vertrauen zu ihnen. Sie durfte das Handy von Antonia benutzten, aber sie konnte Oliver nicht erreichen. Verzweifelt schüttete sie den beiden Frauen ihr Herz aus. Auch die zwielichtigen Geschäfte von Oliver erwähnte sie. Jetzt war alles egal. Sie wollte ihren Mann wohlbehalten zurück. ‚Wer weiß, was dieser Roger mit ihm anstellen würde?'
„Ich glaube, wir rufen jetzt die Polizei", entschied Antonia nach einer Weile. Von dem Schuss, den sie im Wald gehört hatten, erwähnte sie vorsichtshalber nichts.
„Das wird das Beste sein." Charlotte nickte verzweifelt.
Wenig später traf ein Streifenwagen am Wolfsnest ein. Zwei Beamte in Zivil stiegen aus. Der ältere nahm Charlotte mit in den Gastraum. „Dann erzählen sie mal, junge Frau. Was ist denn passiert."
Charlotte beschloss, ein vollständiges Geständnis abzulegen. ‚Auch wenn wir für die Insidergeschäfte vor Gericht müssen', dachte sie. ‚Mir ist alles egal, wenn ich nur meinen Mann lebend zurückbekomme.'
„Also, Oliver hat Roger im letzten Urlaub auf Teneriffa kennengelernt. Die beiden haben ein paar Mal telefoniert, aber weiter keinen Kontakt gehabt. Roger arbeitet als Programmierer bei der

Firma DigiMed AG. Es handelt sich hierbei um ein kleines börsennotiertes Unternehmen. Die Firma hat ein ganz neues Programm für die Krebsdiagnose entwickelt. Als Roger klar wurde, welche bahnbrechende Neuentwicklung das war, wusste er, dass das der Durchbruch für das kleine Unternehmen sein konnte. Er brauchte einen Strohmann, mit dem man ihn nicht in Verbindung bringen konnte. Er hatte Oliver überredet, auf den Namen seiner Mutter bei einer ausländischen Bank Aktien zu kaufen. Dann wurde die Neuentwicklung von DigiMed an der Börse bekannt. Gleichzeitig kamen Übernahmespekulationen auf. Der Kurs stieg innerhalb kürzester Zeit von sieben auf über sechzig Euro. Roger hatte Oliver für seine Dienste zwanzigtausend Euro versprochen. Damit war dieser aber nach der fulminanten Kursentwicklung nicht zufrieden."
Der Beamte schüttelte staunend den Kopf. „Da hat also ein Gangster versucht, den anderen über den Tisch zu ziehen."
Charlotte berichtete noch über die jüngsten Ereignisse, als sie draußen Stimmen hörten. „Sie bleiben hier drin und rühren sich nicht vom Fleck", wies der Polizist sie an und ging auf den Hof.

Oliver war, so schnell er konnte, von der Burg zurück zum Wolfsnest gelaufen. Er hatte große Schwierigkeiten gehabt, den Weg in der Dunkelheit zu finden. Man konnte ihm die Verzweiflung ansehen. Die Geschehnisse des Abends waren ihm unterwegs noch mal durch den Kopf gegangen. Sich mit Roger einzulassen war der größte Fehler seines Lebens gewesen. Er hatte sich am frühen Abend zu Fuß aufgemacht und einen langen Weg aus Richtung Brunnenhütte zur Burg Rotstein gewählt, sodass er sein Ziel von der Rückseite erreichte. Das würde Roger sicher nicht erwarten. Er sah seinen Widersacher auf der kleinen Mauer vor der Burg mit einer Pistole in der Hand stehen. ‚Ich könnte ihn einfach hinunterstürzen', dachte er. ‚Niemand hat mich gesehen, niemand wird mich mit Roger in Verbindung bringen. Ich wäre ein reicher Mann. Wenn dieser Mistkerl nur nicht meine Lotte in der Gewalt hätte.'

Oliver machte Kampfsport im Verein und war sich sicher, dass er Roger leicht überwältigen konnte. ‚Ich werde dem Hund mal ein wenig Druck machen. Vielleicht bekomme ich das Versteck von Lotte ja so aus ihm heraus. Hier oben hört uns niemand', überlegte er und schlich sich von hinten an sein Opfer heran.

In der Dunkelheit trat er versehentlich einen Stein los. Roger drehte sich um und wurde im selben Moment von seinem Angreifer zu Boden gerissen. Oliver packte blitzschnell die Hand mit der Waffe. Ein Schuss löste sich und beendete das Leben von Roger. „Verdammt", entfuhr es Oli-

ver. ‚Ich habe ihn umgebracht. Jetzt kann er mir nicht mehr sagen, wo er Lotte versteckt hat. Wie soll ich sie jetzt finden?‘ Er spürte die Panik in sich aufsteigen. In diesem Gemütszustand erreichte er jetzt das Wolfsnest und staunte nicht schlecht, dass die Polizei schon da war. ‚Die suchen mich schon‘, dachte er überrascht. ‚Wie sind die denn so schnell auf mich gekommen? Vielleicht können die ja Lotte finden. Das ist meine einzige Chance.‘
Er lief auf die Beamten zu. „Sie müssen mir helfen, meine Frau wurde entführt."
„Nun mal langsam. Erzählen Sie mal der Reihe nach."
Oliver legte ein vollständiges Geständnis ab, obwohl er wusste, dass er sowohl für das Insidergeschäft als auch für die Tötung von Roger vor Gericht kommen würde. Er wollte nur, dass seine Lotte lebend gefunden wurde. Alles andere war jetzt nicht wichtig. Als er nach der Vernehmung zu seiner Frau gebracht wurde, brach er vor Erleichterung in Tränen aus. Charlotte und Oliver wurden anschließend von den Polizisten auf die Wache gebracht.
„Siehst du?" Bea triumphierte, als sie mit Antonia wieder alleine war. „Von wegen zu viel Fantasie. Das war ja wohl das spannendste Wochenende, was wir je miteinander erlebt haben."
„Da hast du recht, meine Liebe. Das Beste an der Geschichte ist, dass die Polizei von alleine nie auf

Charlotte und Oliver gekommen wäre. Außerdem wären die beiden steinreich gewesen. Da hat jeder geplaudert, um den anderen zu retten. Wie romantisch. Das ist doch wirklich wahre Liebe."

Unsere Weinempfehlung:

Cuvée Leonardo
SIGNATUR-Z
Trocken

Weingut Alfons Ziegler
Jahnstraße 11
67487 St. Martin
www.weingut-ziegler.de

St. Martiner Baron
Dornfelder
Trocken

Weingut Rössler-Schneider
Inhaber Robert Schneider
Maikammerer Str. 12
67487 St. Martin
www.weingutroessler.de

Frank W. Kallweit

Villa Aurora
(Tatort: Ahr)

Eigentlich wollte er nur ein paar Tage mit seinen Skatbrüdern feiern, die gut gefüllte Vereinskasse durchbringen. Nun stand er angespannt und viel zu früh für eine durchfeierte Nacht am Empfangstresen. „Ich hab's schon gehört. Was ist genau passiert? Wo ist der Tote?“
Die Frau, die ihm gegenüber stand, schien sichtlich nervös. „Es ist schrecklich, aber wir müssen jetzt die Ruhe bewahren. Wir müssen ganz ruhig bleiben, auch wenn uns das in dieser Situation schwerfällt.“ Es schien nicht ganz klar, für wen die Worte genau bestimmt waren. Wahrscheinlich wollte sich die Frau damit selbst beruhigen. Er nickte als Bestätigung. „Die Polizei und der Notarzt wurden bereits alarmiert! Bitte gehen Sie direkt auf Ihr Zimmer zurück, bewahren Sie Ruhe und warten Sie auf weitere Anweisungen“, leierte sie ihren Text herunter.
Gerade wollte der Gast sein besonderes Interesse an den nächtlichen Vorfällen begründen, da wurde die Eingangstür schwungvoll geöffnet. Der Gast stand mit dem Rücken zu den Ereignissen. Ohne sich umzudrehen, wusste er, dass eine größere Anzahl von Menschen den großen Empfangsraum mit festem Schritt durchquerten. „Herr

Hauptkommissar, schon die Ermittlungen aufgenommen? Wie kommen Sie denn schon so früh an den Tatort?“
Der Angesprochene kannte die weibliche Stimme, war aber nicht gerade erfreut. Nach einer schwungvollen Drehung konnte er der jungen Frau ins Gesicht schauen. „Frau Kommissarin Neuer, guten Morgen. So viel Zeit muss sein. Und nun zu Ihrer Frage. Ich wohne hier!“
„Im Altersheim?“, die Kommissarin schien verwundert.
„Wir sind kein Altersheim. Seniorenstift – Villa Aurora“, wurde vom Empfangsboard verbessert.

Eigentlich hatte der Hauptkommissar nur noch wenige Dienstjahre bis zum Ruhestand zu absolvieren. In Ruhe und Würde wollte er die letzten Jahre ausklingen lassen. So war es zumindest seine Absicht. Doch dann hatte die Polizeidirektion ihm eine junge, quirlige Berufsanfängerin als Trainee an die Seite gestellt. Er hatte angenommen, die Kollegin so schnell nicht wieder zu treffen, da sich nach dieser Zeit die Wege trennten. Hauptkommissar Walther blieb im Sauerland und blickte seinem Ruhestand entgegen. Die Kollegin Neuer sollte die Nervenkostüme der Kollegen im Rheinland strapazieren. Und nun stand sie hier vor ihm.
„Damit eines klar ist, ich verbringe hier nur das Wochenende. Bad Neuenahr war total ausge-

bucht. Die einzige Möglichkeit, für mich und meine Skatbrüder Unterkünfte zu bekommen, waren die Gästeappartements hier in der Villa Aurora in Bad Neuenahr. Und jetzt wurde mein freies Wochenende durch diesen Vorfall gestört!"
„Eigentlich jagt man(n) ja in diesem Ort nur Kurschatten!" Die Kollegin legte ein breites Grinsen auf und ergänzte: „Oder waren Sie mit Ihren Skatbrüdern etwa auf Frauenfang?" Der Hauptkommissar schaute sie fragend an. „In diesem Haus soll doch morgen die Wahl der Miss Germany stattfinden."
„Hier im Altersheim?", fragte der Ermittler zweifelnd.
„Seniorenstift – Villa Aurora, bitte. Ja, die Ausführung ist zutreffend. In unseren Räumlichkeiten findet wieder die Wahl zur Miss 60plus statt", bestätigte die Dame vom Empfang mit einem gewissen Stolz in der Stimme. Der Hauptkommissar musterte die Frau. ‚Vielleicht rechnete sie sich selber Chancen auf den Titel aus. Ziemlich herausgeputzt hatte sie sich zumindest', dachte er.
„Vielleicht wurde mit der Toten nur eine Konkurrentin aus dem Weg geräumt", schoss es aus dem Mund der jungen Polizistin.
„Frau Neuer, vielleicht schauen wir uns erst mal den Tatort an, warten den Obduktionsbericht ab und führen Ermittlungen durch. Unsere Schlussfolgerungen sollten am Ende unserer Arbeit stehen. Übrigens, wir haben eine männliche Leiche",

wies Hauptkommissar P.P. Walther seine Kollegin zurecht. Walther agierte außerhalb seines Zuständigkeitsbereiches, aber offensichtlich wirkungsvoll. Seine Kollegin schluckte und schwieg.
„Also ich bin die Elsbeth Küppers. Mich können Sie ruhig befragen, ich kenne das. Der Halbbruder meines Mannes, davon der Schwager und von dem der Sohn …“, klang es aus Richtung Tresen. Die Ermittler schauten sich fragend an.
„Also der ist auf jeden Fall Polizist. Ich weiß, wie solche Verhöre ablaufen. Das war sicherlich kein natürlicher Todesfall. Das musste ja so kommen.“ Gespannt erwartete das ungleiche Polizistenpaar die Ausführungen der Frau Küppers.
„Wissen Sie, wir sind ein stilvolles Haus mit gut situierten Bewohnern aus den besten Kreisen. Doch das hat sich schlagartig geändert, als diese merkwürdige Frau in unser Haus kam, diese Frau Martin. Erst starb unsere liebe Gräfin von Stolzensee und jetzt der Herr Professor Deutschmann.“

- Einige Monate zuvor im Restaurant der Villa Aurora -

„Das ist ja eine Schande!“, raunte Gräfin von Stolzensee ihrem Tischnachbarn Professor Dr. Deutschmann zu, einem pensionierten Literaturwissenschaftler. Dabei schien in jenem Moment fast die Kaffeetasse in Vergessenheit zu geraten, die die Gräfin in der rechten Hand hielt. Eine kleine Menge der braunen Flüssigkeit war bereits auf die weiße Tischdecke geschwappt. „Meine Gnädigste, regen Sie sich doch nicht auf. Wir werden eine Lösung finden“, versuchte sie der Professor zu beruhigen. Routiniert kramte sie aus ihrem mit Perlen besticktem Handtäschchen eine Pillendose hervor. „Mein schwaches Herz“, hauchte sie mit gequälter Stimme, steckte eine Tablette in den geöffneten Mund und spülte mit etwas Wasser nach. Ganz ruhig war es in dem großen Speisesaal geworden. Sämtliche Gespräche waren abrupt beendet worden. Selbst das Klappern und Klirren von Tellern, Tassen und Gläsern war verstummt.

Alle Blicke richteten sich auf nur eine Person, die wie jeden Morgen verspätet zum Frühstück gekommen war und von allen Blicken verfolgt langsam zu ihrem Platz in der Mitte des Raumes schritt. Diese Person trug eine bunte Kopfbedeckung, farblich passend zu ihrem bunten afrikanischen Kleid. Kurz bevor sie ihren Tisch erreicht hatte, hatte sie das Kopftuch abgenommen und damit in die Menge gewunken. Ein lautes empörendes Murmeln ging durch den Raum. „Sie will uns alle provozieren, schauen Sie doch“, versuchte die Gräfin ihren Unmut in Worte zu kleiden, dabei hatte der Professor die Situation natürlich schon längst erfasst. „Jetzt trägt sie auch noch blaue Haare, wie diese Punks auf den Straßen, eine Schande für unser ehrenwertes Stift", bei diesen Worten schüttelte die Gräfin ihren adligen Kopf.

„Meine Haare sind nicht blau", erwiderte die Kritisierte mit ruhiger Stimme, „Wildpflaume. Der Farbton ist Wildpflaume!" Bis jetzt hatte sie nur stumm ihre Mitbewohner provoziert, doch an jenem Morgen erdreistete sich die Seniorin sogar noch, ihre Stimme zu erheben. In den Augen der Gräfin war dies eine eindeutige Kriegserklärung. Diese Provokation war einfach zu viel für das Gemüt der Adligen. „Das halt ich nicht aus. Ich gehe", gab die Gräfin in einer Lautstärke bekannt, dass der gesamte Saal von ihrem Vorhaben Kenntnis nehmen musste. Der Professor hatte sein Frühstück zwar noch nicht beendet, fühlte sich durch die energische Art jedoch verpflichtet, seiner Tischnachbarin zu folgen. So verließen beide gemeinsam den Raum.

Gertraud Martin passte irgendwie nicht in diese Gesellschaft, die in dem noblen Seniorenstift residierte. Dabei waren es nicht nur ihre Haarfarbe und die Kleidung, die sie von ihren Mitbewohnern unterschied, es war ihre gesamte Erscheinung. Sie eckte schon mit ihren kleinen Gewohnheiten an. So liebte sie es, den heißen Kaffee laut zu schlürfen oder beim Essen auch mal zu schmatzen, wenn es schmeckte. Es war ihre gesamte Lebensart, die in diesen Kreisen auf wenig

Gegenliebe stieß. Ihr einziger Verbündeter war ein Altenpfleger namens Sven. Sven fand die Omi, wie er Frau Martin liebevoll nannte, einfach ‚cool' oder ‚strange'. Zwar konnte Frau Martin diese Worte nicht in ihre Sprache übersetzen, wusste jedoch, dass Anerkennung oder vielleicht sogar Bewunderung daraus zu vernehmen waren.
Sven liebte es, sich um die ‚Omi' zu kümmern. Der junge Pfleger schätzte sie als lustig, welterfahren und tolerant. Eigenschaften, die er bei den anderen Bewohnern zumeist vergeblich suchte. Die anderen Bewohner behandelten den Pfleger oft von oben herab, als wäre er eine ‚Dienstmagd' aus einem früheren Jahrhundert.
Das kleine Appartement von Frau Martin war hell. Die Wände leuchteten in bunten Farben. Das war ein richtiger Kontrast zu den meist mit schweren, dunklen Möbeln zugestellten Zimmern. Ihre Wohnung war so bunt, wie es wohl ihr ganzes Leben gewesen war. Großformatige Acrylmalereien mit afrikanischen Motiven hingen an den Wänden oder standen auf Staffeleien. Frau Martin hatte ein Stück Afrika mit in die tristen Betonwände des Seniorenheims getragen. Fast ein Vierteljahrhundert hatte sie mit einem Mann aus Ghana zusammengelebt. Schon bald hatte sie begonnen seine Lebensart, seine Kultur und seine Heimat Afrika zu lieben. Sie hatte sogar begonnen, von Afrika zu träumen und ihre Träume auf Leinwand zu malen. Auch nach dem Tod ihres

Mannes blieb Frau Martin dieser Liebe treu. Sie hatte sogar eine Galeristin gefunden, die ihre afrikanischen Malereien ausgestellt hatte. Eine junge Designerin hatte nach ihren Zeichnungen Kleidung im afrikanischen Stil entworfen und in einem kleinen Ladenlokal verkauft. Nein, Reichtümer hatten ihre Arbeiten nicht eingebracht. Glück und Zufriedenheit hatte es ihr beschert, die Freude beim Malen ihrem Mann so nah zu sein. Die Einnahmen aus den Verkäufen der Bilder reichten gerade aus, um ihren bescheidenen Lebensunterhalt zu bestreiten. Und wieder war es ein Mann gewesen, der ihrem Leben noch mehr Glück beschert hatte. Dr. Stahlschmidt, ein reicher Industrieller im Ruhestand, war der größte Förderer und Bewunderer ihrer Kunst geworden. Dieser Mann ermöglichte ihr sogar einige Reisen auf ihrem geliebten Kontinent Afrika. Als ihr Förderer einige Jahre später verstorben war, vermachte er ihr Geld und seine Wohnung in der Seniorenresidenz Aurora in Bad Neuenahr. Genau in diese Wohnung war sie vor einigen Monaten eingezogen. Doch viel fremder als das Leben in Afrika erschien Frau Martin das Leben in dieser Residenz.

Die Bewohner ließen sie spüren, dass sie nicht in diesen ‚erlesenen' Kreis gehörte.

Sie hatte sich immer bemüht, ohne sich allerdings zu verbiegen. Bei ihrer Einstandsfeier hatte sie afrikanische Köstlichkeiten auftischen lassen.

Einige Mitbewohner wandten sich stumm von den unbekannten Speisen ab. „Schlimmer geht's nimmer. Schaut euch das an, Frikadellen in der Kaviarschale. Proletarische Wurzeln kann man halt nicht verdecken", spottete die Gräfin.
„Nein, das sind köstliche marokkanische Hackbällchen, die sollten Sie wirklich probieren", lud Frau Martin zu einem kulinarischen Ausflug ein.
Es gab durchaus einige versöhnliche Stimmen, die die Wogen glätten wollten, doch die Gräfin beeinflusste die Stimmung maßgeblich. Da ihre Familie einen internationalen Weinhandel besaß, fühlte sie sich berufen, jedes Jahr ein Charity-Event mit Weinen zu veranstalten. Ein Winzer aus Ahrweiler hatte kommentiert: „Sie trinken sich die Welt schön. Bier haben wir ja schließlich auch nur getrunken, um den Regenwald aufzuforsten." Die Gräfin hatte diesen Winzer direkt von ihrer Liste gestrichen. Ein Planungstreffen fand im Kloster Marienthal statt. Nach vielen Diskussionen konnte die Gräfin überredet werden, Frau Martin mit ins Planungsteam aufzunehmen. Gedacht war diese Handlung als eine Art Befriedungsmaßnahme. Die Umstände für einen Waffenstillstand hätten nicht besser sein können. Es war ein warmer sonniger Tag in der tollen Kulisse der Klosterruine. Der köstliche Wein bestärkte die positive Stimmung. Dies waren beste Bedingungen, um Harmonie und Ausgleich zu schaffen. Frau Martin hatte sich be-

wusst dezent gekleidet und mied die Nähe der Gräfin, um in kein Fettnäpfchen zu treten. Es floss reichlich Wein. Frau Martin lauschte interessiert und sog Weinwissen in sich auf. Dass Spätburgunder gar nicht spät geerntet wurde, überraschte sie, aber später als der Frühburgunder, von dem sie zuvor noch nichts vernommen hatte, aber von dem sogleich ein großer Schluck ihr Gaumenfreude bereitete. So manche weitere Tropfen folgten. Alle Anwesenden waren guter Dinge.

„In diesem Jahr schlage ich eine Weinchallenge vor. Frau Martin, was halten Sie davon?"

„Jetzt, wo Sie mich direkt fragen, sollte ich auch antworten", äußerte sich Frau Martin vorsichtig.

„Ja, genau, das wäre angebracht!"

„Weinchallenge, das klingt traurig."

„Traurig?"

„Sollten wir nicht lieber etwas Positives machen."

Alle schauten sie stumm an. „Ich habe mal bei der VHS ein Lachseminar besucht. Lachen ist besser als weinen." Genau an dieser Stelle wurde viel gelacht. Lediglich die Gräfin reagierte empört, hielt das Benehmen für einen persönlichen Angriff. Die Gräfin stellte die Gruppe vor eine Entscheidung: „Martin oder ich!" Damit war der Konflikt wieder eskaliert.

Mit Blicken und Worten versuchte sie Frau Martin anzugreifen und zu verletzen, wollte sie einfach aus dem Wohnstift herausekeln. Doch dies

spornte nur Frau Martins Kampfgeist noch mehr an. Ein großes Blatt mit der Aufschrift ‚Steh auf und kämpfe!‘ hatte sie sich an den Spiegelschrank in ihrem Bad gehängt.
Das Leben der Bewohner im Seniorenstift spielte sich überwiegend in kleinen Zirkeln ab. Sie trafen sich, um gemeinsam zu musizieren, über Literatur oder Politik zu diskutieren oder einfach nur gemütlich zu plaudern. Doch zu keinem dieser Zirkel fand Frau Martin einen Zugang. Sie blieb außen vor. Jeden Dienstagabend gab es eine Kartenspielrunde, die sich im Appartement nebenan traf. Frau Kaiser, die Erbin einer Lebensmittelkette, der Literaturprofessor Deutschmann, die Gräfin und der Zahnarzt Dr. John gingen hier regelmäßig ihrer Spielleidenschaft nach. Sven hatte erfahren, dass es insbesondere der Wille der Gräfin war, Frau Martin nicht einzuladen. Bei dem letzten Spieletreffen soll es besonders hoch hergegangen sein. Frau Martin hatte laute Stimmen nebenan gehört. „Es wird da nicht um Knöpfe gespielt, da wechseln schon einige Tausend Euro den Besitzer“, hatte Sven erzählt. „Und Dr. John hatte wohl seine Pechsträhne fortgesetzt. Wieder hatte er viel Geld beim Blackjack verloren. Doch dieses Mal hatte er seinen Unmut nicht einfach mit Wein heruntergespült. Er war von seinem Stuhl aufgesprungen und hatte die Gräfin laut angeklagt, falsch zu spielen. Der Professor schritt dann ein und setzte den Zahnarzt kurzerhand vor

die Tür. Siehst du, Omi, du musst nicht sauer sein, dass sie dich nicht in diese Zockerrunde lassen. Bei diesem Gesindel gibt es nur Ärger“, Sven lachte bei seinen letzten Worten.
„Du hast ja so recht“, stimmte Frau Martin zu. Einen zusammengerollten Fünfzig-Euro-Schein hatte sie Sven in seine Kitteltasche gesteckt. „Du bist ein guter Junge. Wenn ich dich nicht hätte … Mach dir einfach einen schönen Abend“, diese Worte zeigten bei Sven Wirkung. Er bedankte sich stumm, indem er ihr mit der Hand sanft über das Haar der alten Frau strich.
Das wichtigste Jahresereignis im Haus, die Weinchallenge, zu der die Gräfin mit ihrem Team eingeladen hatte, sollte am kommenden Samstag im großen Speisesaal stattfinden. Fünf Gänge edelster Speisen sollten serviert werden, fünf Winzer der Ahr ihre besten Rotweine präsentieren. Das Ganze sollte in ein klassisches Musikprogramm eingebettet werden. Wieder hatte die Gräfin ihre Beziehungen eingesetzt und zwei talentierte Opernsänger gewinnen können. Ihre Veranstaltung war der Höhepunkt eines jeden Jahres. Alle Bewohner erwarteten die Einladungen und die damit verbundene Sitzordnung. Jeder in der Residenz hatte eine Einladung erhalten, ausgenommen Frau Martin und Dr. John. Der Arzt war sofort aktiv geworden und hatte überall verbreiten lassen, dass es allein sein Wunsch gewesen sei, nicht auf die Einladungsliste gesetzt zu werden.

Am Morgen beim Frühstück wurde noch mehr getuschelt als sonst. Frau Martin stellte sich provokant vor den Tisch der Gräfin. Einen Moment lang genoss Frau Martin schweigend, dass alle Augen auf sie gerichtet waren.
„Auf Ihre zweitklassigen Heulbojen da kann ich wirklich gut verzichten!“, mit lauter Stimme katapultierte Frau Martin die Worte ihrer Kontrahentin entgegen. Der Überraschungsangriff schien geglückt. Die Gräfin blieb einen Moment lang regungslos, dann griff sie mit der rechten Hand an ihr Herz. „Verschwinden Sie aus unseren Augen. Sehen Sie nicht, was Sie hier anrichten? Die Gräfin ist krank. Sie treiben sie noch ins Grab!“, schrie der Professor Frau Martin energisch an.
„Ja, dann gute Reise“, entgegnete Frau Martin.
Zum Mittagessen erschien die Gräfin nicht. Der Professor hatte eine Pflegerin gebeten, nach seiner Tischnachbarin zu schauen. Die Gräfin lag tot auf dem Sofa in ihrem Zimmer. Der herbeigerufene Hausarzt hatte schnell und ohne Bedenken den Totenschein ausgestellt. Für ihn stand ein Fremdverschulden außer Frage. Die Gräfin war schließlich herzkrank. Er selbst hatte ihr ein starkes Herzmedikament verschrieben. Und er selbst wusste, dass gerade seine älteren Patienten sich nicht immer genau an die Dosierungen hielten. „Schwaches Herz“, hatte er der Pflegerin zugeflüstert, die im Zimmer der Toten stand und

schweigend nickte. Auf dem Tischchen neben der Toten stand eine geöffnete Rotweinflasche und ein Glas. Der Arzt hatte das Etikett der Flasche genau begutachtet. „Keine schlechte Wahl! Es gibt gewiss schlimmere Arten, unsere Welt zu verlassen.“

Im Speisesaal war gerade der Pudding aufgetischt worden, als die Nachricht vom Tod bekannt gegeben wurde. Der Professor war von seinem Stuhl aufgesprungen und brüllte laut: „Die Hexe hat sie auf dem Gewissen!“ Frau Martin hatte daraufhin wortlos den Speiseraum verlassen und sich auf ihr Zimmer zurückgezogen, wo sie auch die Abendbrotzeit verbrachte. Sven hatte sie mit Trost und Lebensmitteln versorgt. „Du musst dir das nicht so zu Herzen nehmen. Die Gräfin war krank und ist jetzt an ihrer Krankheit verstorben. So einfach ist das.“

Am nächsten Tag lief das Leben schon fast im gewohnten Trott weiter. Frau Martin ignorierte ihre Mitbewohner und diese ignorierten sie. Doch dann war Frau Martin am nächsten Morgen nicht zum Frühstück erschienen. Sven hatte sofort ihr Appartement aufgesucht. Vorsichtig hatte er an ihre Tür geklopft. Keine Antwort. Er schloss die Tür auf. Hörte in das Zimmer hinein. Suchte das Zimmer mit seinen Augen ab. Dann vernahmen seine Ohren ein Geräusch. Ein leises Stöhnen war aus dem Badezimmer zu hören. „Was ist mit dir?“ Frau Martin konnte die Toilette nicht ver-

lassen, ihr Darm rebellierte. „Ich habe auch schon einen Verdacht“, äußerte Sven nachdenklich. „Gestern hatte sich der Professor ein starkes Abführmittel verschreiben lassen. Ich könnte wetten, dass dieses Mittelchen in dein Essen geraten ist.“
In Frau Martins Augen sprühte der Hass. „Mein ist die Rache“, der Hass schien ihre Lebensgeister zu wecken.
„Ich werde dir Tee und Zwieback bringen. Morgen ist die Welt dann wieder in Ordnung“, beruhigte Sven.

Während Frau Martin sich von den Auswirkungen dieses heimtückischen Anschlags erholte, tagte nebenan in der Wohnung der Zirkel bei der reichen Witwe Kaiser.
Dieses Mal sollten nicht Karten gespielt, sondern Karten gelegt werden. Frau Kaiser liebte es, anderen das Schicksal zu deuten und die Zukunft aus den Karten zu lesen. Als der Professor an der Reihe war, waren die bisherigen Wahrsagungen schnell vergessen. Frau Kaiser verdrehte ihre Augen so sehr, dass fast ihre Pupillen aus den Augenhöhlen herausgequollen waren.
Eine fremde, tiefe männliche Stimme sprach plötzlich aus ihrem Körper: „Professor, geben Sie Acht. Eine große Gefahr lauert auf Sie!“
„Alles Quatsch, ich habe genug für heute“, mit diesen Worten beendete der Professor die Vor-

stellung. Danach verließ er das Zimmer, ohne sich zu verabschieden.
Am nächsten Tag war der Professor tot. Die Physiotherapeutin hatte ihn leblos aufgefunden. Dieses Mal jedoch hatte der Hausarzt veranlasst, die Polizei zu rufen. Eine Einstichstelle im Arm erschien ihm verdächtig.

Kommissarin Neuer hatte das Zimmer des Toten untersuchen und anschließend versiegeln lassen. Dicht an ihrer Seite bewegte sich stets Hauptkommissar P.P. Walther, der Sauerländer, der eigentlich nur einen Kurzurlaub mit seinen Skatbrüdern an der Ahr verbringen wollte. Neuer hatte umgehend mit einer groß angelegten Befragung der Bewohner und des Personals begonnen. Das eintreffende Ergebnis der Obduktion bestätigte den Verdacht, dass der Professor seine letzte Reise nicht freiwillig angetreten hatte. Die Spuren wiesen eindeutig darauf hin, dass das Opfer vorher gefesselt und geknebelt worden war, um ihm dann wohl die tödliche Injektion zu verabreichen. Morphin, das im Seniorenstift vereinzelt bei schweren Erkrankungen als Schmerzmittel verschrieben wird, war dem Professor zum Verhängnis geworden. Viele Mitbewohner bezichtigten ohne Umschweife Frau Martin der Tat.
Neuer schien nach den zahlreichen Verhören erschöpft. „Die Gespräche hätten wir uns wahrscheinlich sparen können. Die Küppers von der

Rezeption hatte uns ja sofort auf diese Spur gesetzt."
„Nicht immer führt der breiteste Weg auch zum Ziel", kommentierte der Sauerländer. „Ist eh egal, jetzt kommt die Martin dran", kündigte die Ermittlerin ihren nächsten Schritt an.
Frau Martin bestätigte beim Verhör, dass sie weder für die Gräfin noch für den Professor besondere Sympathie verspürt hatte. Die Kommissarin setzte ihr Siegerlächeln auf, als wollte sie den Fall sofort zu den Akten legen.
Walther war von der Lösung nicht überzeugt. „Haben Sie sich diese Frau mal angeschaut? Mir erscheint es ziemlich zweifelhaft, dass Frau Martin die Kraft gehabt hat, den Professor zu überwältigen. Und wie hätte sie in den Besitz des Morphins gelangen können?"
Einem neuen Hinweis ging die Polizistin umgehend nach. Dieser führte sie in das Appartement von Dr. John. Der Zahnarzt war im Besitz von Morphin. Er stritt auch nicht ab, dass er seit einigen Jahren suchtkrank war und sich den Stoff deshalb beschafft hatte. Ein Motiv wurde schnell gefunden, der Streit beim Kartenspiel, und Dr. John hatte kein Alibi. Dies waren für die Ermittlerin wichtige Indizien, die gegen den Verdächtigen sprachen, ihn aber noch nicht als Täter überführen konnten. Der Zahnarzt hätte auch ein Motiv gehabt, die Gräfin aus dem Leben zu befördern, den Streit um die Spielschulden. War sie

vielleicht doch nicht eines natürlichen Todes gestorben? Noch am selben Abend wurde die Obduktion der Gräfin richterlich angeordnet.
Im Speisesaal hatten die Mitbewohner das Gedeck von Dr John auf dem Tisch von Frau Martin platziert. So saßen ihre Hauptverdächtigen gemeinsam wie auf der Anklagebank.
„Ich hoffe, ich mache Ihnen keine Unannehmlichkeiten mit meiner Anwesenheit“, klang es von Dr. John fast schon wie eine Entschuldigung.
„Nein, irgendwie sitzen wir ja jetzt im selben Boot, zumindest am selben Tisch“, antwortete Frau Martin mit einem Lächeln.
„Aber Sie müssen mir glauben“, ergänzte Dr. John, „ich habe mit dem Tod des Professors nichts zu schaffen. Morgen werde ich der Polizei sagen, von wem ich das Morphin bezogen habe. Ich muss ihm nur eine Chance geben, sich selber zu stellen.“
Die Polizei hatte in einer Nacht-und-Nebel-Aktion angefangen, das gesamte Seniorenheim auf den Kopf zu stellen. Für den Zahnarzt kam der Einsatz jedoch zu spät. Dr. John saß tot in seinem Fernsehsessel. Das halb gefüllte Weinglas auf dem gläsernen Beistelltisch interessierte die Kriminaltechnik besonders. Die Flüssigkeit im Glas enthielt mehr Extrakte des Fingerhutes als Alkohol. Diese Extrakte wurden in Tablettenform zur Behandlung von Herzerkrankungen eingesetzt. Dr. John war jedoch kein Herzpatient. „Al-

so hier läuft ja einiges durcheinander", bemerkte die Kommissarin Neuer. Bestätigt wurde ihre Ansicht durch das Ergebnis der nachträglich bei der Gräfin durchgeführten Obduktion. Sie war an einer Überdosis Schlafmittel verstorben. Auch ihr waren diese Medikamente nie ärztlich verordnet worden.
Die gesamte Residenz wurde von der Spurensicherung gründlich durchsucht. Die Polizisten stießen bei dieser Aktion auf einen besonderen Fund. Ein Schrank im Umkleideraum der Pfleger war gefüllt mit Medikamenten. Es war der Spind von Pfleger Sven, der sich offensichtlich an den Arzneibeständen der Bewohner bedient hatte. Bei Verstorbenen konnte er die ‚wertvollen' Medikamente auf seine Art entsorgen oder er reduzierte einfach mal eine Dosis und zweigte einige Pillen ab. Einige Medikamente werden auf dem Schwarzmarkt gut nachgefragt als Suchtmittel oder Dopingpräparate.
Die Kommissarin musste nicht lange suchen. Im Appartement von ‚Omi' Martin saß Sven, der sich verabschiedete. Er gestand, Medikamente entwendet und damit illegal gehandelt zu haben. Die Gräfin und den Professor habe er aus Notwehr töten müssen, um seine ‚Omi' zu schützen. Dr. John hatte er immer mit Morphin versorgt, und ausgerechnet der wollte ihn verpfeifen. Das Mittelchen fürs schwache Herz der Gräfin hatte nach ihrem Ableben noch Verwendung bei Dr.

John gefunden. Das war Medikamenten-Recycling der besonderen Art.
„Der Fall ist gelöst. Sie können nun mit ihren Skatbrüdern beruhigt die Heimreise antreten“, teilte die junge Polizistin ihrem Kollegen aus dem Sauerland mit. „Oder ziehen Sie jetzt endgültig hier in die Seniorenresidenz?“
Der Hauptkommissar schüttelte lächelnd den Kopf. „So schnell betrete ich kein Altersheim mehr!“
„Wir sind kein Altersheim. Seniorenstift – Villa Aurora“, wurde von der Dame am Empfang verbessert.

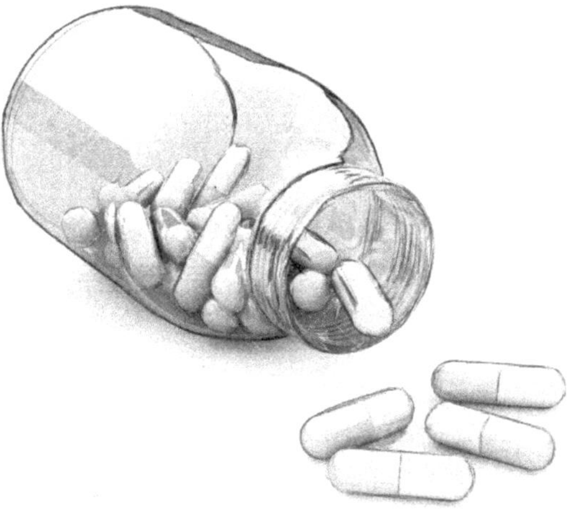

Goldenes Tröpfchen:

Frühburgunder
Trocken

Winzergenossenschaft
Mayschoss – Altenahr e.G.
Ahrrotweinstr. 42
53508 Mayschoss
www.wg-mayschoss.de

Frank W. Kallweit

Rund um die Marienburg
(Tatort: Mosel)

Ein tiefer gelegter roter Golf röhrte den steilen Berg hinauf.
„Na, wenn da mal nicht der Jupp anrollt!“, meldete Klaus die Ankunft seines Kumpels an. Holger hatte gerade die Taschen aus dem geparkten Auto herausgehoben. „Dann sind wir ja komplett. Dieses Mal sind wir eine wirklich kleine Runde. Schade eigentlich, denn wir haben Jubiläum in diesem Jahr.“
„Genau, zehnjähriges“, stimmte Klaus zu. Fast zehn Jahre war es her, dass Jupp seine Susan geheiratet hatte. Zum Junggesellenabschied war der Bräutigam mit seinen Kumpels an die Mosel gefahren. Sie wollten es noch mal richtig krachen lassen. Aus diesem Grund wiederholte die Männerrunde, zumindest ihr harter Kern, ihre Reise jedes Jahr zu Pfingsten. Als der Golf auf Höhe der beiden wartenden Freunde angekommen war, brüllte Jupp aus dem geöffneten Seitenfenster: „Immer dieselben Pappnasen hier unterwegs. Muss es denn schon wieder Reil sein? Hier ist doch die Luft so trocken.“
„Jungs, dann kommt mal näher, gegen trockene Luft da gibt’s doch was.“ Die Winzerin Moni Peters stand mit einer Flasche Rieslingsekt zum

Empfang bereit. „Ihr seid aber weniger geworden“, ergänzte sie noch.
„Ne, ne, da musst du keine Angst haben“, bei diesen Worten strich sich Jupp mit seiner rechten Hand über den in den Jahren doch beachtlich gewachsenen Bauch. „Die Anzahl der Köpfe haben wir reduziert, aber das Gesamtgewicht konnten wir halten“, ergänzte Klaus.
Laut lachend ergriffen die Männer die Gläser und prosteten Moni zu. Am Abend tauschten sie mit dem Winzerehepaar die Neuigkeiten aus. Es wurde wie immer spät, sehr spät. So manche Flasche des neuen Weins wurde geleert. Am Sonntag nach dem ausgedehnten Frühstück wurden dann die Wanderschuhe angezogen. „Bis zum Reiler Hals, nicht weiter, das reicht in diesem Jahr“, kommentierte Jupp das Vorhaben, die Tradition auch in diesem Jahr zu wiederholen. Die Wanderung rund um die Marienburg stand an. Die über der Mosel thronende Burg lag inmitten einer Moselschleife mit ihren idyllischen Weinorten. Immer Pfingstsonntag rückten die Winzer mit Wein und Speisen an die Marienburg heran und bildeten ein kulinarisches Band rund um die Burg, das es galt abzuwandern. Dieser Herausforderung stellte sich die Gruppe, wie in jedem Jahr. Es war ein warmer Tag, ein bisschen schwül vielleicht. Die Männer hatten so einige Gläschen vom Moselwein getrunken. Einige Begegnungen, insbesondere mit weiblichen Ansammlungen, heizten

die Stimmung an, bis die Männer wieder weiterzogen oder von den Frauen zurückgelassen wurden. An jedem Stand ließen sie sich neu auf Stimmung und Menschen ein. Doch am Zeller Stand gab es eine grundlegende Änderung. „Wo ist denn der Jupp? Der kann doch nicht schon wieder zum Pinkeln gegangen sein. Das gibt's doch nicht. Na ja, dann leeren wir die Flasche halt allein", bemerkte Holger über Jupps Verschwinden an.
Klaus wies mit seiner rechten Hand in eine Menschentraube. „Da steht er doch, dort drüben bei der hübschen Brünetten. Auf die hat er doch schon beim letzten Stand ein Auge geworfen", erklärte er seinem Kumpel.
„Ja, stimmt, da war Jupp ja auch schon für ne längere Zeit verschwunden. Wir beachten ihn einfach nicht, trinken unseren Wein und dann gehen wir zur Burg hoch", beschloss Holger. Klaus war zu Jupp gegangen und hatte ihm erklärt, dass die beiden weiterziehen würden. Auf der Marienburg angekommen verschnauften die beiden Freunde und hatten sich auf eine Begrenzungsmauer gesetzt. Dort auf dem Gelände probten bereits die Musikgruppen für das Oben-Air-Rockkonzert.
„Meinste, der Jupp kommt noch?"
„Auf den sollten wir wirklich nicht warten. Wer weiß, was bei dem noch abgeht?"

„Will ich gar nicht wissen. Lass uns lieber noch was trinken!“

Auch nach dem ihre Gläser geleert waren, war von Jupp keine Spur zu sehen. Die beiden hatten erst überlegt, Karten für das Rockkonzert zu kaufen, sich aufgrund der dunklen Gewitterwolken dann doch für den Rückweg nach Reil entschieden. Klaus brachte die Gläser zur Ausgabestelle zurück.

„Weißte, wer hier oben ist?“, hatte Klaus auf dem Rückweg seinem Freund entgegengerufen.

„Wer kann es schon sein? Der Jupp vielleicht.“

Klaus nickte und kam dann ganz nah an Holger ran. „Jupp mit seiner neuen Flamme. Das war so was von eindeutig.“

„Will ich gar nicht wissen. Mir tut nur seine Susan leid. Gut, dass die das nicht mitkriegt.“

Anschließend liefen die beiden zurück, nahmen eine Runde am Reiler Hals und versackten in der Probierstube ihres Winzers.

„Mannomann“, hatte Klaus noch gelallt, als er zu Bett gegangen war. „Das wird ein ganz böser Morgen!“

Die Prophezeiung sollte eintreten. Es wurde ein böser Morgen, ein richtig böser Morgen. Klaus und Holger saßen fast wortlos am Frühstückstisch. Sie litten stumm in sich gekehrt. Die Spuren des Vortages waren in ihren Gesichtern zu lesen.

„So richtig gut geht's mir nicht", bemerkte Klaus seufzend.
„Guten Morgen, Jungs. Also unser Wein hinterlässt solche Spuren ganz bestimmt nicht!" Gut gelaunt brachte Moni die Frühstückseier an ihren Tisch.
„Ja, ja, mach dich nur lustig über uns", entgegnete Holger mit leidender Miene.
„Wo ist denn eigentlich der Jupp?"
Diese Frage überraschte die beiden Männer.
„Ach ja, der Jupp", Klaus suchte nach einer Antwort.
„Wer weiß, wie's dem geht. Der pennt bestimmt noch", vermutete Holger.
„Wenn ich euch so genau anschaue, kann ich mir schon vorstellen, wie Jupp aussieht. Noch einen Wunsch? Darf es noch ..."
Die Männer winkten ab.
„Ich wecke mal den Jupp!" Klaus raffte sich auf, um an Jupps Zimmertür zu klopfen.

„Guten Morgen, Jupp. Du bist ja das Elend auf zwei Beinen. Hock dich mal zu den anderen Jungs, dann ist das Lazarett komplett", begrüßte Moni den Letzten der Männerrunde. Klaus und Holger schienen unterdessen die Lebensgeister wiedergefunden zu haben.
„Mensch, jetzt erzähl mal, was gestern bei dir noch so abging!" Klaus war richtig gespannt.

„Also, ich brauch erst mal Kaffee“, antwortete Jupp müde.
„Mach’s doch nicht so spannend“, schaltete sich auch Holger ein.
Jupp konnte sich nicht mehr an die Einzelheiten der Nacht erinnern.
„Was war denn mit der süßen Puppe? Da lief doch was“, konkretisierte Klaus seine Fragestellung.
„Ich hab einen riesen Brummschädel, sonst weiß ich nichts.“ Jupp reagierte genervt. Das Koffein belebte Geist und Körper, so kehrte auch die Erinnerung stückchenweise zurück. „Die Frau sprach einen süßen Akzent – Russisch oder so! An einen Satz erinnere ich mich: ‚Besser für dich, wenn wir getrennte Wege gehen. Männer, die mich heiraten, sterben schnell …‘. Ich war mit ihr zu diesem Winzerhof gelaufen, wo sie ein kleines Zimmer bewohnt. Dort ist es ihre Aufgabe, sich um den Haushalt und die Reinigung der Gästezimmer zu kümmern.“
„Hör ich da die Hochzeitsglocken? Dabei ist der Jupp doch noch verheiratet“, spottete Holger.
„Ach, ihr spinnt doch“, Jupp wurde lauter.
„Kann teuer werden. Eine neue Braut hat schon so manchen Mann in den Ruin getrieben. Den Brautrock hab ich schon gesehen“, ließ Holger nicht locker.
Jupp knallte sein Wasserglas wütend auf den Tisch.

„Holger meint diese Legende von der Weinlage in Bullay. Da musste für das Brautkleid der Weinberg verpfändet werden“, erklärte Klaus.
„Kann Jupp nicht passieren, hat ja keinen Weinberg“, sattelte Holger noch eine Bemerkung oben drauf.
„Ihr seid wirklich fies! Und Ihr wollt meine Freunde sein?“ Jupp war richtig sauer. So war es besser für alle Beteiligten, eine Zeit lang einfach zu schweigen. Danach ergriff Jupp das Wort. „Jedenfalls kann ich mich nur noch daran erinnern, dass ich in meinem Auto saß, hier in Reil auf dem Parkplatz vorm Haus.“ Seine beiden Freunde lauschten gespannt. „Es war so gegen fünf Uhr in der Früh“, versuchte Jupp seine Erinnerungen zu vervollständigen.
„Was hast du da noch so getrieben? Haste das Mädel klar gemacht für die Nacht?“ Jetzt brach auch Holger das Schweigen. „Oder das Mädel ihn, so voll wie Jupp war …“
Jupp ließ sich von Klaus‘ Bemerkung nicht irritieren. Er grübelte weiter. „Ja, ich war noch auf ihrem Zimmer, daran kann ich mich erinnern“, ergänzte er nach einer kurzen Pause.
„Und da ging’s dann richtig ab? Das vergisst man doch nicht bei so einer heißen Frau.“ Klaus grinste bei seinen Worten.
„Es war richtig super!“ Jupp zögerte kurz, bevor er fortfuhr. „… glaube ich zumindest. Genau kann ich mich nicht erinnern!“

„Muss ja super gewesen sein, wenn man sich nicht erinnern kann!“ Klaus und Holger lachten.
„Irgendwann bin ich dann gegangen. Vor der Tür hat mich so ein Vollidiot kräftig angerempelt“, ergänzte Jupp ruhig.
„In welche Richtig ist der gelaufen? War der nackt?“ Holgers Fragen stießen bei Jupp auf völliges Unverständnis.
„Was soll das? Ich hab keine Ahnung! Kann mich an nichts erinnern!“
„Vielleicht war’s der Kröver Nacktarsch“, prustete Holger den Freunden entgegen. Nun konnten die drei wieder gemeinsam lachen.
„Wie bist du denn nach Reil gekommen?“, wollte Holger genau wissen.
„Ich weiß es nicht! Um fünf bin ich jedenfalls zu mir gekommen, da saß ich in meinem Auto hier vor dem Haus“, wiederholte Jupp.
„Du bist in diesem Zustand Auto gefahren?“
„Ich weiß es doch nicht“, die Stimme klang gereizter.
„Hoffentlich bist du auf deinem Weg nicht durch Zell gefahren“, Holgers Worte erzeugten fragende Gesichter.
„Wenn du auch noch die Zeller schwarze Katz überfahren hast, kriegste ein lebenslanges Einreiseverbot für die Mosel.“
„Ihr seid ja völlig irre …“ Jupp war der Spaß nun völlig abhandengekommen.

„Lass den Jupp mal in Ruhe, ich glaub der muss die durchgemachte Nacht erst verkraften. Ist ja auch nicht mehr der Jüngste“, versuchte Klaus die Anspannungen zu lösen.
Die drei saßen noch ein Weile mehr oder weniger schweigend am Frühstückstisch. Jupp kämpfte immer noch mit seinen Erinnerungslücken, als es an der Tür klingelte. Wenig später betraten zwei uniformierte Polizisten den Speiseraum.
Die Nachrichten, die die Polizisten überbrachten, waren tragisch. Schlagartig wurden die Männer aus ihrem Dämmerzustand gerissen und in einen Albtraum geworfen. Die junge Frau, die Jupp am Abend zuvor kennengelernt hatte, war am Morgen tot in ihrem Zimmer aufgefunden worden. Sie war keines natürlichen Todes gestorben. Weitere Einzelheiten über ihre Ermittlungen gaben die Polizisten nicht preis. Den Männern wurde schnell klar, dass einer aus ihrem Kreis der Hauptverdächtige war. Jupp wurde zur Vernehmung auf die Kriminalinspektion Wittlich geladen.
„Bitte melde dich, wenn du Hilfe brauchst. Ruf an. Brauchst du einen Anwalt? Sollen wir deine Frau benachrichtigen?“ Jupp schüttelte nur schweigend den Kopf, dann hatte er auch schon das Haus verlassen. Die beiden Freunde blieben zurück. Ihnen fehlten die Worte. Die nächsten Stunden wurden lang, sehr lang. In den Abendstunden hatte Holger versucht, telefonisch bei der

Polizei Informationen zu erhalten, doch er bekam keinerlei Auskunft. An dem Abend harrten sie lange aus. Das Haus hatten sie nicht einmal für einen kurzen Moment verlassen, um ihren Freund oder Nachrichten zu seiner Lage nicht zu verpassen. Pizza hatten sie bestellt und saßen lange vor den leeren Kartons, bis sie schließlich zu Bett gegangen waren.
Sehr früh am nächsten Morgen klingelte es heftig an der Tür. Klaus zog schnell Hose und T-Shirt über und eilte in Richtung Haustür. Holger stand unter der Dusche, das Wassergeräusch hatte das Klingeln überdeckt. Klaus war noch halb auf der Flurtreppe, als Moni schon die Tür öffnete. Seine Vermutung bestätigte sich nun. Zwei Polizisten standen vor dem Haus. Die Anspannung stieg. Die beiden Uniformierten hatten den Hausflur betreten, um dann mit Moni in den Frühstücksraum abzubiegen. Die Hoffnungen wurden sofort zerschlagen, von seinem Freund Jupp keine Spur.
„Wo ist mein Freund?“, begrüßte Klaus die beiden Polizisten.
„Setzen Sie sich bitte! Wir haben eine sehr traurige Nachricht für Sie!“ Die Runde hatte noch auf Holger gewartet, der nur wenige Minuten später erschien. Beide Freunde saßen regungslos nebeneinander an einem der Tische. „Es tut uns wirklich leid, dass ihr Moselurlaub so enden muss“, begann der ältere der Beamten mit seiner Auskunft. „Ihr Freund ist gestern am späten Abend

bei einem Verkehrsunfall ums Leben gekommen."
Die Nachricht versetzte die Freunde in eine Schockstarre. Sie waren nicht in der Lage, einen klaren Gedanken zu fassen. Die Informationen, die sie erhielten, würden sie erst viel später wirklich begreifen und verarbeiten können.
Jupp war mit seinem Golf zur Kriminalinspektion nach Wittlich gefahren. Das Verhör auf der Polizeiwache dauerte bis kurz nach 23 Uhr. Auf dem Weg zurück nach Reil hatte Jupp einen verhängnisvollen Zwischenstopp gemacht. Hinter dem Ort Bengel hielt er an der Klostermühle an, um eine Zigarette zu rauchen. Beim Aussteigen wurde er von einem PKW erfasst und tödlich verletzt. Der Unfallverursacher hatte seine Fahrt ungeachtet des Vorfalls fortgesetzt. Erst Insassen eines Fahrzeuges, das später die Unfallstätte passiert hatte, hatten vergeblich erste Hilfe geleistet. Der herbeigerufene Notarzt konnte nur noch den Tod feststellen. Die Fahndung der Polizei verlief bisher erfolglos.
„Ja, Rauchen gefährdet die Gesundheit", bemerkte der jüngere Polizist. Sein Kollege hatte sofort mit einem strengen Blick reagiert, der ihn zum Schweigen veranlasste. Natürlich hatten die beiden Freunde auch Fragen zum Todesfall der jungen Frau und zu den Verdächtigungen gegen ihren Freund. Die Auswertung der Kriminaltechnik hatte ergeben, dass Jupp in der Nacht im

Zimmer der Frau gewesen war. Zwischen den beiden war es in dieser Nacht zum Geschlechtsverkehr gekommen. Später war die Frau in ihrem Bett erwürgt worden. Der Täter hatte Handschuhe getragen. Die Handschuhe waren trotz intensiver Suche der Einsatzkräfte nicht gefunden worden. In dem Zimmer hatte die Kriminaltechnik zahlreiche DNA-Spuren gesichert, die keiner bekannten Person zugeordnet werden konnten. Diese Erkenntnis überraschte jedoch nicht, da dieser Raum überwiegend als normales Gästezimmer vermietet worden war. Von der Toten, die mit festem Wohnsitz in Rumänien gemeldet war, wurde das Zimmer immer dann genutzt, wenn sie als Küchenhilfe und Reinigungskraft auf dem Hof arbeitete.

Jupps Tod war für die Freunde ein großer Schock, aber mindestens genauso schwer belastete sie der Gedanke, dass ihr Freund für die zuständige Polizei der Hauptverdächtige im Mord an der jungen Frau war. Mit seinem Tod sollte nun der Fall geschlossen werden, was für Klaus und Holger einer Verurteilung ihres Freundes gleichkam. Die Polizisten hatten aus Erfahrungen ähnlicher Fälle und Vermutungen eine Auflösung des Mordfalles konstruiert. Beide beteiligten Personen waren stark alkoholisiert gewesen. Streitigkeiten nach dem Geschlechtsverkehr sind in einem solchen Zustand möglich. Die Hemmschwellen waren stark herabgesetzt. Vermutlich eskalierte die Situation in einer Gewaltspirale, die dann zum Tod der jungen Frau geführt hatte. Zügellose Emotionen und verletzte Gefühle sind häufig bei Beziehungstaten das Motiv. „Ich kenne diese Fälle", führte der ältere Polizist aus, „wahrscheinlich verlangte die Frau für ihre Liebesdienste eine Entlohnung. Der Verdächtige fiel aus allen rosa Träumen, fühlte sich schamlos ausgenommen. Dies schlug dann um in …"

Holger konnte sich nicht mehr still auf seinem Stuhl halten. Er sprang auf. „Wir haben jetzt genug gehört von ihren Theorien und Vermutungen. Unser Freund ist kein Mörder", hatte der Freund des Verdächtigen laut und eindrucksvoll den Ausführungen der Polizei entgegengesetzt, die daraufhin das Haus verlassen hatte. Klaus war noch am Nachmittag zurück ins Sauerland gereist. Für ihn lag nun die Hauptaufgabe darin, sich um Jupps Frau und seine Tochter zu kümmern. Für Holger war der Mord an der jungen Frau längst noch nicht gelöst. Es blieben viel zu viele ungelöste Fragen. Als freiberuflicher Journalist war es für ihn immer schwieriger geworden, seine Artikel in den Medien zu platzieren und damit seinen Lebensunterhalt zu bestreiten, trotzdem beschloss er an der Mosel zu bleiben und für seinen verstorbenen Freund zu recherchieren. Er mietete sich in Bullay ein Gästezimmer auf dem Winzerhof, der in der Nacht zu Pfingstmontag zum Tatort eines Mordes geworden war. Als Kind hatte er

in den Sommerferien jedes Jahr zwei Wochen am Moselufer verbracht. Genau erinnerte er sich an den Blick aus dem Zimmerfenster direkt auf die historische Eisenbahnbrücke. Die Begeisterung für das stählerne Bauwerk, auf dem auf verschiedenen Etagen Autos und Züge den Fluss passieren konnten, faszinierte den Journalisten bis heute. In der Nähe des Bahnhofs fand er den alten Winzerhof. Die weinrot getünchten Mauern hatten schon von weitem seinen Blick auf das gemütliche Gebäude gelenkt. Durch die schwere Holztür trat er ein. Von einem Klingeln begleitet durchschritt er den Flur, an dessen Ende ein kleiner Tresen stand. Eine junge modern gekleidete Frau begrüßte den Gast: „Gudden Dag! Suche Simmär?“
„Guten Tag, ja ich hätte gern ein Einzelzimmer für mindestens vier Nächte. Vielleicht bleibe ich auch eine ganze Woche.“
„Simmär Drai! Obben, Trebbe“, dabei wies sie mit der rechten Hand auf eine in den oberen Stock führende hölzerne Treppe.
Als Holger den Zimmerschlüssel an sich nahm, ergänzte er noch: „Sie sprechen sehr gut Deutsch. Aber der Akzent hat es verraten, Sie kommen aus Polen, stimmt's?“ „Nein, Romunia“, antwortete die junge Frau.
„Aus Rumänien, auch ein sehr schönes Land.“
Die Frau nickte kurz.

Anschließend begab sich Holger auf den Weg zu seinem Zimmer. Er wollte Informationen sammeln und dies möglichst unauffällig. Der direkte Weg zum Winzer geht über sein Produkt. Also meldete sich der Sauerländer für die abendliche Weinprobe an. Der Teilnehmerkreis war recht klein. Er bestand aus vier Gästen einer Pension am Ort und Holger. Gemeinsam saßen die Liebhaber des alkoholhaltigen Traubensaftes an einem schweren Eichentisch im Gewölbekeller neben dem Fasskeller. Kurz nach der Begrüßung durch den Chef des Weingutes, Thomas Wind, wurden Informationen über den Anbau, die vergangene Weinlese und die Qualität des Rebensaftes weitergegeben. Die kleine Gruppe interessierte sich weniger für trockene Fakten, sondern mehr für die flüssigen Annehmlichkeiten. Holger hörte aufmerksam zu und beobachtet den Winzer genau. Wie alt mochte Thomas Wind sein? Sein Alter war schwer zu schätzen. Jedenfalls sah er bleich und krank aus. Seine Bewegungen schienen schwerfällig und langsam. Holger erschrak, als er sein Alter erfuhr. 48 Jahre alt war der Mann, der wie ein Greis wirkte. Die junge Frau, die Holger an der Anmeldung kennengelernt hatte, war Frau Wind, Frau Demetria Wind, die Ehefrau des Winzers. Auf dem Gut arbeiteten zwei Männer aus der Region und zwei Helfer aus Rumänien, die während ihrer Einsatzzeiten in Deutschland auf dem Hof lebten. Während Hol-

ger sich Notizen zu den Informationen machte, begann die Verkostung. Nach einiger Zeit stand der Tisch voll mit Flaschen, die alle probiert worden waren. Die Gruppe brach auf, um in ihr Quartier zu laufen. Einer der Gäste hatte bei dem Versuch, seine Jacke anzuziehen, den Tisch touchiert. Eine Flasche fiel um und der Inhalt des roten Rebensaftes ergoss sich auf Tisch und Steinfußboden. Dieser Anblick der roten Lache fuhr dem Winzer sichtlich in die Glieder.
„Es tut mir leid, ich bezahl Ihnen den Schaden", bei den Worten hatte der Gast bereits seine Geldbörse hervorgeholt.
Der Winzer winkte ab. „Ist schon gut, schon gut", stammelte Thomas Wind.
Holger hatte sich auch verabschiedet, um zu Bett zu gehen. Irgendetwas stimmte nicht mit dem Winzer. War dieser Mann an dem Mord der jungen Rumänin beteiligt?
Am Nachmittag des folgenden Tages suchte Holger wieder den Kontakt zum Hausherrn. Unter dem Vorwand den Blauburgunder, die Rarität an der Mosel, noch einmal probieren zu wollen, da am Abend zuvor seine Geschmacksnerven am Ende überfordert gewesen seien, saß der Journalist wieder im Kellergewölbe mit dem Winzer zusammen.
„Irgendwie fühle ich mich krank und schwach."
Holger erblickte beim genauen Betrachten seines Gegenübers überall blaue Flecken an dessen Kör-

per. „Wo haben Sie sich denn die vielen blauen Flecken geholt?“
„Weiß ich nicht. Geht ganz schnell. Irgendwo gestoßen …“
„War das bei Ihnen immer schon so?“
„Nein, vor einigen Monaten fing es an. Dann wurden es immer mehr blaue Flecken. Und ich fühle mich immer kraftloser. Der Tod meiner geliebten Frau steckt tief in meinen Knochen. So was kann ich nicht einfach abschütteln!“
Vor drei Jahren schien seine Welt noch voller Glück gewesen zu sein. Thomas Wind und seine Frau Sylvia hatten den Hof und die Gästezimmer aufwendig renoviert. Der Direktvertrieb des Weines und die Nachfrage nach Übernachtungen waren über alle Erwartungen gesteigert worden. Die Arbeitsbelastung war natürlich stetig gestiegen. Ein befreundeter Winzer hatte dann den Kontakt zu Arbeitskräften aus Rumänien vermittelt.
„Ja, ja, der liebe Johann Küfer aus Alf. Der ist auch viel zu früh von uns gegangen. Es war ein tragischer Arbeitsunfall im Steilhang. Über diese Verbindung kam dann Demetria und drei rumänische männliche Helfer, ihr Bruder und zwei Vettern, zu uns nach Bullay.“
Seine Frau hatte sich mit Demetria angefreundet. Zusammen mit den Helfern, alle stammten aus einem kleinen Ort in den Karpaten, hatten sie fast wie eine Großfamilie zusammengelebt. Gemeinsamer Urlaub des Winzerehepaares war nicht

vorstellbar. Demetria hatte vorgeschlagen, Sylvia die tolle Natur in ihrer Heimat den Karpaten zu zeigen. Thomas Wind hatte sofort zugestimmt und seine Frau überredet, Demetria zu begleiten. Und dann hatte ihn die furchtbare Nachricht über den tragischen Unfall in den rumänischen Bergen erreicht. Seine Frau war verstorben. Er war in eine tiefe Depression gefallen. Demetria und ihre Vettern hatten dafür gesorgt, dass das Weingut weiterlief. „Es wäre alles den Bach heruntergegangen. Der Alkohol, ich weiß nicht, was es war. Eines Tages war ich neben Demetria aufgewacht. Das Weingut sollte weiterlaufen, dafür braucht ein Mann eine tüchtige Frau an seiner Seite. So habe ich vor fast zwei Jahren dann Demetria zur Frau genommen. Es kamen immer wieder Freundinnen meiner zweiten Frau zu Besuch zu uns. Sie halfen in der Küche und bei der Führung der Gästezimmer. So kam auch Aurica, das Mädchen, das auf so fürchterliche Weise zu Tode gekommen ist, zu uns."
„Ich habe davon in den Nachrichten gehört. Waren Sie in der Nacht auch im Haus?"
„Ja, mein Schlafzimmer liegt im selben Gebäude. Ich schlafe wie ein Stein. Hab von dem Mord in den frühen Morgenstunden überhaupt nichts bemerkt."
Die Worte hatten den Winzer sichtlich ergriffen, deshalb lenkte Holger das Gespräch auf Wein-

themen. Wenig später hatte er sein Glas geleert und sich zurückgezogen.
Am nächsten Morgen beim Frühstück hatte Holger die Frau des Winzers direkt befragt, ob sie die vielen blauen Flecken am Körper ihres Mannes bemerkt habe und eine Erklärung dafür habe, warum dieser so gebrechlich sei. Die rumänische Frau reagierte ziemlich barsch.
„Deutsches Mann ist weiches Ei."
„Weiches Ei?"
„Ja, so wie roh!"
„Ach Sie meinen, Ihr Mann ist ein Weichei!"
„Nicht hart wie rumänisches Mann. Er ist bisschen wie Weinfluse."
„Weinfluse?"
„Ja, weinen sofort und immer, verstehen?"
„Ach, Sie meinen, er ist eine Heulsuse."
„Jo, jetzt aber genug. Mann kommen."
Der Winzer betrat den Raum. Mit dem Erscheinen ihres Mannes schien bei der Frau eine Wesensänderung stattzufinden. Sie ging auf ihn zu, lächelte ihn an, gab ihm einen dicken Schmatzer auf den Mund.
„Liebes Schatz, gehen heute besser. Bist krankes Hahn, doch bald wieder krähen auf Haufen Mist."
‚Was für ein übles Spiel wird da mit dem Winzer getrieben?', dachte Holger bei diesem Anblick. Er hatte eine Vermutung, doch bevor er diese offenbaren wollte, musste er Fakten sammeln.

Noch am selben Abend führte der Sauerländer mit dem Winzer bei einem Glas Wein ein vertrauliches Gespräch. Er deutete seine Vermutungen vorsichtig an und riet Thomas Wind zur äußersten Vorsicht und Verschwiegenheit. Dies gelte ganz besonders gegenüber seiner Frau und den Helfern auf dem Weingut. Seiner Erkrankung müsse unbedingt auf den Grund gegangen werden, ohne dass die Umgebung davon etwas erfahren solle. Er empfahl dem Winzer dringend, sein Blut beim Arzt untersuchen zu lassen. Vielleicht leide er an einer schwerwiegenden Krankheit, aber es könnte auch ein von Menschenhand bewusst herbeigeführter Anschlag sein. Thomas Wind schien von den Vermutungen überrascht, willigte am Ende jedoch ein, einen Arzt aufzusuchen.

Nach dem Gespräch hatte Holger mit seinem Freund in Iserlohn telefoniert und ihm von seinen Ermittlungen berichtet. Er hatte gerade das Telefonat beendet, da klopfte es an seiner Tür. Zwei kräftige junge Männer standen auf dem Flur. Mit massiver Gewalt drangen sie in das Zimmer ein. Holger wurde ohne Ankündigung so stark gestoßen, dass er rücklings auf das Bett fiel. Die Zimmertür fiel ins Schloss.

„Du habben Frau von Chef angefasst. Männer wie du machen wir kurzes Prozess!“, schrien die Eindringlinge.

Holger versuchte auf die Männer einzureden. Er bestritt die Vorwürfe und bot ihnen Geld an.

Doch auf keines seiner Angebote gingen die Männer ein. Einer der Männer hatte sich unterdessen schwarze Handschuhe angezogen. Holger schrie laut um Hilfe. Es war ein kurzer Schrei, denn sofort wurde ihm die Kehle zugedrückt. Er rang nach Luft. Die Welt um ihm entfernte sich. Ein lauter Knall, dumpf und weit entfernt, war das Letzte, was er vernahm.
„Können Sie mich hören? Der Notarzt trifft gleich ein." Die Stimme wurde klarer. Holger blinzelte. Über ihn gebeugt stand ein uniformierter Polizist.
Holgers Recherchearbeit endete im Krankenhaus. Dort musste er einige Tage verbringen, bevor seine Lebensgeister wieder die volle Kraft besaßen. Die Ermittlungen lagen nun in anderen Händen.
Thomas Wind hatte sich Holgers Befürchtungen zu Herzen genommen und wenige Minuten nach dem Gespräch einen Freund informiert, der die Polizeiinspektion in Zell leitete. Sein Freund hatte sofort einen Streifenwagen auf den Weg nach Bullay geschickt. Im Treppenhaus des Weingutes hatten die Polizisten einen kurzen Hilfeschrei vernommen. Die Beamten hatten die Gefahrenlage sofort als kritisch eingeschätzt, ohne zu zögern gehandelt, die Zimmertür aufgebrochen und anschließend die beiden rumänischen Männer überwältigt. Diese Reaktion hatte Holger das Leben gerettet, Lebensrettung in letzter Sekunde.

Nach diesem Einsatz war der Umfang der Straftat Stück für Stück erkennbar geworden. Die Polizeiführung hatte umgehend eine Sonderkommission gebildet. Das Ergebnis der ärztlichen Untersuchung von Thomas Wind hatte es dann offenbart, der Winzer sollte über einen längeren Zeitraum vergiftet werden. Wäre diese Tat nicht rechtzeitig aufgedeckt worden, wäre er qualvoll gestorben. Über sein Essen waren ihm Gerinnungshemmer in Form von Rattengift in kleinen Dosen verabreicht worden. Irgendwann wäre er innerlich verblutet. Bei gründlichen Hausdurchsuchungen auf dem Weingut waren in einer Tasche des Bruders der Ehefrau Reste des eingesetzten Giftes gefunden. Im Laufe der polizeilichen Ermittlungen konnte auch festgestellt werden, dass es sich bei dieser Person nicht um einen Bruder der Ehefrau handelte, sondern vielmehr um deren Freund und Zuhälter. Eine ganz üble Truppe hatte sich auf dem Winzerhof in Bullay eingenistet. Jeder der tödlichen Schritte war von der verbrecherischen Bande heimtückisch geplant worden. So hatte zuerst Sylvia, die erste Frau des Winzers, aus dem Weg geschafft werden müssen, um den Weg für die Hochzeit mit Demetria freizuräumen. Demetria hätte am Ende des mörderischen Plans als Witwe eines renommierten Weingutes dastehen sollen. Der Hof war von der Gruppe als Drehscheibe für die Vermittlung von rumänischen Frauen an weitere Winzer der Region eingesetzt worden. Die Strategie hieß: Kurze Ehe und großes Erbe. Die Polizei konnte ähnlich gelagerte Fälle in verschiedenen Moselorten rund um die Marienburg ermitteln. Aurica, die junge Rumänin, die Jupp Pfingsten kennengelernt hatte, hatte aus diesem schmutzigen Geschäft aussteigen wollen. Die Frau hatte dafür mit ihrem Leben bezahlen müssen. Wer sich der mörderischen Gruppe in den Weg gestellt hatte, wurde brutal beiseitegeräumt. Auch Jupp hatte für seinen Seitensprung teuer bezahlen müssen. Es musste noch reichlich Wasser durch die Moselschleife rund um die Marienburg fließen, bis die Sonderkommission alle Fälle erfasst und bearbeitet hatte.

Prickelnd!

Riesling Sekt
Brut
Traditionelle Flaschengärung

Weingut Clemens Busch
Kirchstr. 37
5862 Pünderich
www.clemens-busch.de

Als „Kir Moselle“
mit rotem Schuss:

Roter Weinbergpfirsich
Likör
Weingut-Brennerei
Detlef Müllers
Plenterstr. 57
54536 Kröv
www.moselwein-ambiente.de

Astrid Kallweit

Eine schrecklich nette Reisegesellschaft
(Tatort: Mosel)

„Das gibt es doch nicht. Wenn ich eine Rundfahrt durch das Sauerland machen möchte, dann buche ich doch keine Moseltour“, schimpfte Benny leise.
„Entspann dich mal, du hast doch Urlaub. Außerdem ist der Bus ja schon fast voll. Wir fahren sicher gleich auf die Autobahn.“ Hellen gab ihrem Mann einen Kuss.
„Du hast ja recht.“ Benny streckte sich genüsslich und stellte seine Rückenlehne nach hinten. „Hey, was machen Sie denn da? Wollen Sie mich zerquetschen?“, tönte eine ärgerliche Stimme aus der Sitzreihe hinter den beiden. Benny stellte die Lehne wieder aufrecht. „Entschuldigung“, murmelte er.
Hellen und Benny hatten die Fahrt an die Mosel gewonnen, als sie vor sechs Wochen ihre Weinvorräte in ihrem Fachgeschäft in Balve aufgefüllt hatten. Sie sind dort Stammkunden und kennen die Inhaberin Betty schon sehr lange. Von ihr haben Sie das Preisrätsel aus der Fachzeitschrift ‚Der Weinfreund‘ und einen Tipp für das Lösungswort bekommen. „Der erste Preis ist ein verlängertes Wochenende in Traben-Trarbach mit diversen Weinverkostungen. Um diese Zeit ist es

dort besonders schön. Es gibt einen Weihnachtsmarkt in der Unterwelt", schwärmte Betty. „Große Flächen des Stadtkerns von Traben-Trarbach sind mit teilweise mehrstöckigen, über 100 Meter langen Gewölben unterkellert. Die Keller wurden in der zweiten Hälfte des 19. Jahrhunderts gebaut, um die Weinlagerflächen zu vergrößern. Die Stadt war zu dieser Zeit durch die große Nachfrage nach Riesling insbesondere aus Großbritannien und Übersee eine der bedeutendsten Weinhandelsstädte Europas. Vielleicht habt ihr ja Glück"

Als ein paar Tage später tatsächlich das Voucher für die Busfahrt, drei Übernachtungen in einem Hotel in Traben-Trarbach einschließlich diverser Weinverkostungen im Briefkasten lag, konnte Hellen ihr Glück über den Gewinn gar nicht fassen. Sie war mit Benny seit fünfundzwanzig Jahren verheiratet und ihre gemeinsame Tochter war seit letztem Jahr aus dem Haus, so konnten sie jetzt ihre Freiheit genießen. Sie machten beide gerne Urlaub und liebten Wein, deshalb war die Fahrt an die Mosel genau das Richtige für sie.
Der Bus zockelte weiter durch das Sauerland. Es gab noch einen Stopp in Plettenberg und in Finnentrop. Hellen nahm es mit Humor und sang ganz leise. „Sauerland, mein Herz schlägt für das Sauerland."
„Ja, und in Finnentrop ist dunkel", warf Benny missmutig ein.

„Jetzt hab doch mal nicht so schlechte Laune. Wir fahren bestimmt gleich in Olpe auf die Autobahn.“
In der Sitzreihe hinter den beiden wurde jeder Ort ausgiebig kommentiert. „Guck mal, Puppe, da hat doch de Ommma gewohnt.“
„Ja, Schatzibär, ich kann mich noch genau erinnern, als wir sie im Sommer besucht haben. Weißt du noch, wie wir im Hof gegrillt haben und die ganze Wurst schwarz geworden ist?“
„Ja, weiß ich noch. Da gab es doch diesen fettigen Kartoffelsalat von der Ommma und meine Schwester hat ins Rosenbeet gekotzt, weil sie zu viel Bier getrunken hat.“
„Ja, aber schön war es doch bei der Ommma.“
Hellen und Benny schauten sich fassungslos an. „Das kann doch nicht wahr sein“, flüsterte Benny. „Ich dachte, bei so einer Tour in ein Weingebiet ist das Publikum niveauvoll. Die beiden gehen ja gar nicht.“
Zu allem Überfluss holte Schatzibär jetzt auch noch zwei große Dosen Bier aus dem Rucksack. „Prost“, schallte es aus der hinteren Reihe. Benny verdrehte die Augen. Nach einem weiteren Halt in Attendorn ging es endlich auf direktem Weg an die Mosel.
„So liebe Gäste, wir sind jetzt vollzählig“, begrüßte nun der Reiseleiter seine Gruppe. „Ich bin der Dietmar Meyerhof. Ihr könnt mich aber Didi nennen. Das kann man sich besser merken. Ich

schlage vor, wir nennen uns alle beim Vornamen. Das ist doch viel netter. Genießt die Fahrt. Wir sind ungefähr um vierzehn Uhr in Traben-Trarbach. Das Wetter meint es gut mit uns. Es sind dort aktuell 10 Grad und Sonne. Ich werde euch dann später noch weitere Informationen geben. Wenn ihr Durst habt, könnt ihr bei mir gekühlte Getränkedosen bekommen. Es gibt Wasser und Cola für die Weicheier, Dosenbier für die Männer und Proseccodöschen für die Mädels."

In der Zwischenzeit erfuhren Benny und Hellen die ganze Lebensgeschichte von Schatzibär und Puppe. Puppe arbeitete als Bäckereifachverkäuferin in Balve und Schatzibär war Fliesenleger. Die beiden hatten sich erst im letzten Jahr auf einer Busfahrt nach Amsterdam kennengelernt.
„Das ist ja ein wirklich niveauvolles Publikum hier", stellte Benny fest. „Ich glaube, ohne Alkohol kann ich das hier nicht länger ertragen. Soll ich Bier oder Prosecco holen?"
„Für mich bitte ein Bier."
In der Sitzreihe hinter den beiden wurde die Stimmung immer ausgelassener. Der Lautstärke nach zu urteilen hatte Schatzibär inzwischen schon reichlich Bier getrunken. „Sag mal, Puppe, die Stimmung hier im Bus ist aber ein bisschen öde. Weißt du noch letztes Jahr, als wir nach

Amsterdam gefahren sind? Da war richtig Party im Bus.“
„Aber nur auf der Hinfahrt. Auf der Rückfahrt hat mich der Joint ganz schön umgehauen.“
„Diese Bäckereifachverkäuferin ist doch wirklich dumm wie Brot“, lästerte Benny.
„Sei doch mal ein bisschen tolerant“, tadelte seine Frau. „Die beiden hatten es sicher nicht immer leicht im Leben.“
Puppe schob sich nun durch die Sitzreihen: „Ich gehe mal zum Didi. Der soll mal Musik machen.“
Sie schwankte den Gang entlang nach vorne zum Reiseleiter. Ihr Minirock bedeckte gerade den Po und unter dem engen Shirt lugten diverse Tattoos hervor.
„Auweia!“, kommentierte Benny. „Die sieht ja heiß aus. Kannst du mir mal sagen, wie so ein Pärchen sich auf eine Weinreise der Zeitschrift ‚Der Weinfreund‘ verirren kann?“
Hellen schüttelte den Kopf. „Ne, kann ich nicht. Aber ich werde das Gefühl nicht los, dass ich im falschen Bus sitze.“
Didi war natürlich bemüht, alles zu tun, damit sich seine Gäste wohlfühlen, deshalb ging es wenig später ‚Atemlos durch die Nacht‘. Benny stopfte sich Tempotücher in die Ohren, schloss die Augen und hoffte, dass sie ohne Stau um vierzehn Uhr im Hotel sein würden. Er fiel tatsächlich in einen erlösenden Schlaf. In seinen Träumen erschien Puppe, nur mit schwarzen Des-

sous bekleidet, mit einem Joint auf den Lippen in seiner Stammbäckerei als Verkäuferin. Er wollte ihr gerade klarmachen, dass sie doch bitte nicht den Rauch auf die Brötchen pusten sollte, als der Bus plötzlich hielt. „Alles aussteigen, Pinkelpause!", tönte Didi von vorne.
Während Hellen eingemuckelt in ihre Daunenjacke in der üblichen Schlange vor dem Damen-Klo stand, musterte Benny die anderen Fahrgäste. Neben ihm stand eine reichlich aufgetakelte, dick geschminkte ältere Frau, deren Gesicht ungewöhnlich viele Falten aufwies. Zu viel Sonnenstudio, dachte Benny und fragte sich gerade, wie alt sie wohl sein mochte, als diese sich vorstellte: „Ich bin Renate aus Finnentrop.“ „Benny aus Menden, sehr erfreut und da vorne kommt gerade meine Frau Hellen.“
Ein dicker glatzköpfiger Herr drehte sich um. „Und ich bin der Gottfried aus Altena, aber ursprünglich komme ich aus dem Chiemgau. Dort ist es wirklich schön. Seid ihr schon mal da gewesen?“
„So, alles einsteigen!“, beendete Didi die kurze Unterhaltung.
Hellen ließ sich erleichtert neben Benny in den Sitz fallen. „Das kann ja heiter werden. Was für eine Gurkentruppe, Puppe, Schatzibär, der dicke Chiemgauer und Faltenrenate. Ich werde bekloppt.“
Benny musste lachen. „Na, na, so viel Sarkasmus.

Ich werde mal der Weinhändlerin unseres Vertrauens eine Nachricht schicken und berichten, wo wir hier hingeraten sind. Betty wird sich sicher wundern."
Pünktlich um vierzehn Uhr hielt der Bus vor dem Haus Moseltraum in Traben-Trarbach. Wenigstens das Hotel war keine Enttäuschung. Es lag zwei Kilometer moselabwärts außerhalb von Traben-Trarbach direkt in den Weinbergen, hatte wunderschöne Zimmer, einen Wellnessbereich, und der Blick auf den Fluss war fantastisch. Hellen strahlte glücklich: „Geht doch."
„Ihr habt eine Stunde Zeit, um euch frisch zu machen. Um drei geht's los. Da wir die ganze Zeit draußen sein werden, zieht euch am besten sehr warm an."

Der Bus brachte sie wenig später nach Reim. Am Reimer Kopf warteten zur Überraschung der Gäste zwei Planwagen, die jeweils hinter einen Trecker gespannt waren. „In so ein blödes Ding steige ich nicht ein", protestierte Benny. Hellen versuchte ihn leise zu beschwichtigen: „Sei kein Spielverderber. Das wird schon nicht so lange dauern. Die Leute denken ja, dass du total arrogant bist, wenn du nicht mitmachst."
„Was diese Leute hier denken, ist mir völlig schnuppe."
Hellen tätschelte seinen Arm. „Jetzt komm schon. Verdirb uns nicht das Wochenende. Wir machen

einfach das Beste draus. Lass uns aber mal aufpassen, dass wir nicht mit Schatzibär und Puppe in denselben Planwagen steigen.“

Gesagt, getan. Sie bekamen einen Platz neben einer unscheinbaren Mittfünfzigerin, die ihnen vorher noch gar nicht aufgefallen war. Sie stellte sich als Erika Nüsslein aus Plettenberg vor. Ihr Mann Alfons, der gegenüber saß, blickte grimmig vor sich hin und sagte nichts. „Ich habe diese Reise von Alfons zum Geburtstag bekommen“, berichtete Erika. „Er besucht hier zweimal im Jahr seinen Kumpel Fritz, der aus Plettenberg hier hergezogen ist. Jetzt wollte er mir auch mal zeigen, wie schön die Mosel ist.“ Benny interessierten die Reisemotive von Erika und Alfons nicht die Bohne, aber er nickte höflich.
Didi verteilte Decken, die wohl schon ihre besten Zeiten gesehen hatten. Hellen lehnte ab. „So eine dreckige alte Pferdedecke werde ich mir ganz sicher nicht umhängen“, flüsterte sie Benny naserümpfend zu.
In der Mitte zwischen den Sitzreihen gab es einen langen schmalen Tisch in den praktische große und kleine Löcher gesägt waren. Hier konnten Weinflaschen und Gläser rutschsicher abgestellt werden. Didi schenkte die erste Runde ein. Die Gäste konnten zwischen trockenem und lieblichen Riesling wählen. Benny entschied sich für den trockenen. Er steckte seine Nase tief in das

Glas und probierte dann konzentriert den ersten Schluck. Auf seiner Stirn bildete sich eine senkrechte Falte. Er kommentierte den Geschmack nicht. Für Hellen war es ein untrügliches Zeichen, dass dieser Tropfen wohl ungenießbar war. „Ja dann mal runter damit", hörten Sie Schatzibär vom anderen Wagen brüllen und Puppe kicherte albern. Neben Alfons saßen Faltenrenate und der dicke Chiemgauer. Die beiden rückten während der Fahrt immer näher zusammen. Irgendwann landete seine Hand auf ihrem Knie.

„Ich kann nicht glauben, was ich da sehe", flüsterte Hellen. „Und vorstellen möchte ich es mir auch nicht. Faltenrenate und der dicke Chiemgauer. Was für ein schreckliches Paar." In diesem Moment fuhr der Planwagen über einen Stein. Es wackelte ordentlich und der Wein aus Renates Glas landete auf ihrer Jacke. Der dicke Chiemgauer kommentierte das prompt: „Schade, dass du so viel anhast, sonst würde ich dich jetzt zu Miss Wet-T-Shirt wählen."

Renate errötete wie ein Teenager: „Ach Gottfried, sag doch nicht sowas."

Hellen verdrehte die Augen.

Die Fahrt ging durch die Weinberge unterhalb der Mariannenburg und in einem großen Bogen zurück zum Reimer Kopf. Als die Gruppe nach zwei Stunden feuchtfröhlicher Fahrt ausstieg, waren alle bis auf Hellen und Benny gut gelaunt und beschwipst. Da die beiden Pferdedecken und

Wein verweigert hatten, waren sie jetzt durchgefroren und missmutig. Selbst über die tollpatschigen Annäherungsversuche vom dicken Chiemgauer bei Faltenrenate konnten sie nicht mehr lachen.
Nach einem ausgiebigen Essen in einem naheliegenden Restaurant, das die meisten der Gäste jetzt auch dringend nötig hatten, stand eine Weinprobe auf dem Programm. Hellen und Benny waren nun auch wieder besser gelaunt. Das Essen war gut und selbst der Riesling hatte geschmeckt. Ihre Weinhändlerin Betty hatte ihnen vor der Reise erzählt, dass sich die Weine an der Mosel in den letzten Jahren deutlich verbessert hatten. Die jungen Winzer setzten heute auf Qualität statt Masse und man bekam in den meisten Restaurants einen ‚guten Schoppen' zum Essen. Deshalb freuten sich die beiden jetzt auch auf die erste Weinprobe der Reise. Puppe und Schatzibär verabschiedeten sich mit den Worten: „Wir ziehen mal lieber ein bisschen um die Häuser. Von diesem Weinzeugs haben wir jetzt echt genug."
„Prima", kommentierte Benny etwas zu laut.
Nicht weit von dem Restaurant entfernt ging es in das Weingut von Philip und Sophie Berg. Die Gruppe versammelte sich auf der Dachterrasse mit wunderschönem Blick über das Moseltal, wo es zur Begrüßung einen Secco gab. „Lecker", Hellen strahlte. „Davon müssen wir aber ein paar Fläschchen mit nach Hause nehmen. Halt mal

mein Glas. Ich müsste mal kurz verschwinden.“ Sie ging die Treppe hinunter durch das Haus. Als sie die letzte Stufe nahm, stockte ihr der Atem. Ein groß gewachsener, kräftig gebauter Mann mit dunkler Sonnenbrille kam aus einem Zimmer am Ende des Ganges und blickte sich suchend um. ‚Der sieht aus wie von der Mafia‘, dachte Hellen, als sie plötzlich bemerkte, dass er eine Pistole in der Hand hielt. Sie schrie erschrocken auf, duckte sich aber gleichzeitig geistesgegenwärtig hinter eine alte Truhe, die in der Empfangshalle stand. Der Mann drehte sich um und schaute in ihre Richtung. Hellens Herz klopfte bis zum Hals. Er machte einen Schritt auf sie zu, zögerte kurz, lief dann aber aus dem Haus.

Inzwischen kam die Gruppe von der Terrasse zurück, um in den Probierraum zu gehen. Hellen lief zu Benny und erzählte ihm aufgeregt, was gerade geschehen war. „Da geht aber mal wieder deine Fantasie mit dir durch. Mafia an der Mosel. Wie viel hast du denn schon getrunken?“

„Ich weiß doch, was ich gesehen habe. Wir müssen den Winzer warnen.“

„Jetzt mach dich aber nicht lächerlich. Bloß weil jemand eine Sonnenbrille trägt, ist er ja nicht bei der Mafia. Wahrscheinlich hatte er irgendein Werkzeug in der Hand, was im Weinbau benötigt wird.“

„Vielleicht hast du ja recht. Außerdem ist er ja jetzt auch weg.“

Philip hatte die Diskussion mitgehört und schaltete sich nun ein: „Das war nur Fritz, unser Lieferant für Pflanzenschutzmittel, der wollte etwas abholen. Er läuft immer mit Sonnenbrille herum, weil er das cool findet.“
Ohne eine Reaktion abzuwarten, drehte er sich um und bat die Gruppe einzutreten.
Benny nickte zufrieden. „Na, dann lass uns jetzt mal die Weinprobe genießen. Nach dem tollen Secco bin ich gespannt, was uns Philip und Sophie Berg noch Schönes zu bieten haben.“
Der Probierraum füllte sich und das Winzerehepaar schenkte den Gästen einen trockenen Riesling ein. Gegenüber von Hellen und Benny saßen unglücklicherweise Alfons und Erika Nüsslein. Er schaute wieder grimmig vor sich hin. „Sach mal Philip, haste kein Bier?“, polterte er plötzlich los.
„Ekel Alfons“, kommentierte Hellen leise. „Aber Alfons, das ist doch hier ein Weingut“, versuchte Erika zu beschwichtigen.
Philip tat so, als wenn er den Einwand nicht gehört hätte. Alfons kippte den Wein einfach herunter.
Benny verdrehte die Augen. „Ich bekomme Schnappatmung. Kann man denn mit dieser Gurkentruppe nicht mal eine Weinprobe genießen?“
„Herr Berg, was ist das denn hier für ein Wein?“, versuchte Erika das Verhalten ihres Mannes zu überspielen.

„Dumme Kuh, das siehste doch“, platzte Ekel Alfons heraus. „Das ist ein Weißwein.“
„Ich finde den Wein sehr lecker“, verkündete Erika entschlossen. „Ich werde mir eine Flasche davon kaufen.“
Ekel Alfons prustete vor Lachen. „Jetzt tu mal nicht so, als wenn du dich mit Wein auskennen würdest. Wie teuer ist denn das Zeug überhaupt, Herr Philip?“
Philip blieb ganz ruhig: „Sechs Euro zwanzig.“
„So teuer? Nehmen sie eigentlich auch Bitcoins? Ha, ha, ha.“ Ekel Alfons lachte laut, dabei fand er sich wohl unheimlich komisch. Er war aber der Einzige in dieser Runde.
Zu seiner Frau gewandt setzte er noch einen drauf. „Spar dir das Geld lieber für etwas Sinnvolles auf, Bier zum Beispiel oder Faltencreme. Ha, ha, ha.“
Jetzt brach es aus Erika heraus. „Ich weiß überhaupt nicht, warum du mir diese Reise zum Geburtstag geschenkt hast. Wir hätten lieber zu Hause bleiben sollen. Jetzt sitzen wir hier und du hast schlechte Laune.“
„Bei einer solchen Frau wie dir kann man ja auch nur schlechte Laune haben.“
Jetzt hatte Philip die Nase voll. Freundlich aber bestimmt bat er Ekel Alfons zu gehen und führte ihn zur Tür. Dieser ließ sich ohne Gegenwehr hinausschieben. „Vielleicht bekomme ich ja ir-

gendwo in diesem Kaff ein ordentliches Bier", war sein letzter Kommentar.
Erika bleib wütend zurück. „Ich bringe ihn um", zischte Sie. „Irgendwann bringe ich ihn um."
Dann nippte sie genüsslich an ihrem Glas.
„Als Nächstes werden wir Ihnen jetzt ein ganz besonders Tröpfchen präsentieren", versuchte Sophie Berg die Situation zu retten. „Wir haben in diesem Jahr erstmalig einen Rosè aus unserem Spätburgunder gemacht. Philip war zunächst sehr skeptisch. Aber nun finden wir, dass er wirklich gut gelungen ist." Der Wein schimmerte lachsfarben im Glas und Hellen und Benny waren begeistert.
„So, unser Bus wartet", scheuchte Didi die Gruppe bald auf. „Das war doch ein sehr schöner Tag. Und morgen machen wir eine Schifffahrt mit der Moselprinzessin."
„Ohne uns", flüsterte Benny. „Stell dir mal vor, bei der Kälte stundenlang unter Deck mit der Gurkentruppe zu sitzen und schlechten Wein zu trinken. Ich bekomme schon bei dem Gedanken daran schlechte Laune. Wir mieten uns ein Auto und schauen uns mal die Gegend an."
„Tolle Idee."
Am nächsten Morgen nippte Hellen im Frühstücksraum des Moseltraums genüsslich an ihrem Kaffee. Der Raum hatte ein Panoramafenster mit einem wunderbaren Blick auf den Fluss. Benny würde gleich nachkommen, da er sich an der Re-

zeption noch um einen Leihwagen kümmerte. Die anderen Gäste trudelten nach und nach ein. Zuerst erschienen Schatzibär und Puppe mit dunklen Rändern unter den Augen. Dann kam Erika. Sie war alleine und sah ganz vergnügt aus. Faltenrenate und der dicke Chiemgauer betraten doch tatsächlich zusammen den Frühstücksraum und steuerten direkt auf Hellen zu. Sie hielten sich an den Händen und sahen sich verliebt an. „Dürfen wir uns zu dir setzten?"

„Selbstverständlich", antwortete die Angesprochene brav. Gleich darauf erschien Benny, der beim Anblick der Tischnachbarn wenig begeistert war. „Ich habe einen todschicken knallroten Beetle für die nächsten beiden Tage bekommen", sagte er zu Hellen. „Wir können gleich nach dem Frühstück mal bei Philip und Sophie Berg vorbeifahren. Ich würde gerne Riesling und den köstlichen Rosè kaufen."

„Ja, und von dem Secco möchte ich auch eine Kiste mitnehmen."

„Ihr habt ein Auto. Das ist ja toll. Ich würde auch gerne bei den Bergs etwas kaufen. Könntet ihr mich da vielleicht kurz mitnehmen?", flötete Faltenrenate.

„Willst du denn nicht mit auf das Schiff?", warf der dicke Chiemgauer ein.

„Och ne, ich werde so leicht seekrank. Aber vielleicht verzichtest du ja auch auf den Ausflug, Gottfried, und leistest mir später Gesellschaft."

„Na klar. Mache ich doch gerne“, antwortete der dicke Chiemgauer mit einem eindeutigen Unterton. „Also, wie sieht es aus? Nehmt ihr mich mit?“
„Der Wagen ist nicht so groß, da fahrt ihr Frauen mal besser alleine.“
Benny erntete einen bitterbösen Blick von Hellen. Sie wusste allerdings nicht, wie sie aus dieser Nummer wieder herauskommen sollte. Dafür machte sie ihrem Mann später auf dem Zimmer aber auch eine ordentliche Szene.

Gezwungenermaßen machte sich Hellen mit Faltenrenate auf den Weg nach Reim. Diese erwies sich überraschender Weise als ganz angenehme Reisebegleiterin. Die beiden Frauen waren schon nach wenigen Minuten ins Gespräch vertieft. „Ist dir aufgefallen, dass Erika heute alleine beim Frühstück war?“, fragte Renate.
Hellen nickte. „Mit dem Ekelpaket würde ich auch nicht frühstücken.“
„Der war aber überhaupt nicht beim Frühstück.“
„Vielleicht schämt er sich ja nach dem gestrigen Abend.“
„Vielleicht hat sie ihn auch umgebracht. Sie war ja auf der Rückfahrt gestern ganz schön betrunken und hat mir erzählt, dass sie Pläne hat, ihren Alfons zu beseitigen.“
„Vielleicht ist es das Beste, was man mit so einem Kerl machen kann. Soll sie doch.“

Renate kicherte. „Da hast du auch wieder recht.“
In diesem Moment waren die beiden beim Weingut Berg angekommen. Der Beetle wurde vor einem schwarzen Corsa direkt neben dem großen Tor geparkt. Dann gingen die beiden um das Haus. Die Tür zum Weinkeller war geöffnet und von unten waren wütende Stimmen zu hören. „Hau ab! Was glaubst du denn, wer du bist? Ich gehe zur Polizei, wenn du nicht umgehend verschwindest. Und steck das Messer weg! Damit machst du mir keine Angst! Ich habe eine Nahkampfausbildung.“
„Wenn du bis Morgen nicht zahlst, ist deine Familie nicht mehr sicher. Ich weiß, wo deine süße Tochter zur Schule geht. Also mach bloß keinen Fehler! Und keine Polizei!“
Der Motor des schwarzen Corsa wurde gestartet. Renate war ganz aufgeregt. „Das scheint der Fluchtwagen zu sein. Die sind bestimmt von der Mafia. Schutzgelderpressung.“
„So ein Quatsch! Die Mafia kommt doch nicht in einem alten Corsa.“ Hellen schüttelte den Kopf. Renate war nicht überzeugt. „Hast du denn noch nichts von der italienischen Schuldenkrise gehört? Die Mafia muss sicher auch sparen.“
In diesem Moment kam ein großer Mann mit schwarzer Sonnenbrille und Messer in der Hand schnellen Schrittes aus dem Weinkeller. Hellen erkannte sofort den Eindringling vom gestrigen Abend. ‚Von wegen nur der Lieferant für Pflan-

zenschutzmittel‘, dachte sie. In seiner Eile rempelte der Gangster Renate so heftig an, dass die sich kaum auf den Beinen halten konnte, und stieg auf den Beifahrersitz des schwarzen Corsa. Erst jetzt sahen die beiden Frauen, wer der Fahrer war. „Das ist doch“, stotterte Renate.
„Jetzt sehe ich es auch.“
Der Fahrer des schwarzen Corsa war doch tatsächlich Ekel Alfons.

Als die beiden sich wieder umdrehten, sahen sie Philip Berg aus dem Weinkeller kommen. Erschrocken blickte er sie an. „Guten Tag, die Damen. Stehen Sie schon länger hier? Haben Sie etwas gehört?“ Hellen schüttelte energisch den Kopf. „Nein. Was sollen wir denn gehört haben?“ Faltenrenate nickte gleichzeitig. „Ja, wie schrecklich.“
„Ich will, dass Sie das sofort vergessen. Hören Sie? Keine Polizei! Das ist ganz alleine meine Angelegenheit. Wenn Sie sich einmischen, bringen Sie meine Familie in Gefahr. Das wollen Sie doch nicht?“
Beide Frauen schüttelten energisch den Kopf. Renate ließ aber nicht locker: „Aber wieso will der Sie denn erpressen?“
Philip sprach nun sehr leise: „Sie müssen mir versprechen, dass Sie mit niemandem darüber reden.“
Beide Frauen nickten zustimmend.

„Den Fritz kenne ich schon seit Jahren. Er arbeitet für eine Firma in Traben-Trarbach und liefert unsere Pflanzenschutzmittel. Seit einiger Zeit haben er und sein komischer Kumpel wohl ziemlich hohe Spielschulden durch Wetten bei illegalen Hahnenkämpfen. In der Nähe von Traben-Trarbach gibt es eine alte Fabrikhalle dort werden Hähne der aggressiven Rasse ‚Hint Horoz' aufeinander losgelassen. Das ist eine ziemliche Tierquälerei. Fritz und sein Kumpel scheinen aber so viel Spaß daran zu haben, dass sie jetzt bei den Organisatoren hohe Schulden haben. Sie können sich vorstellen, dass mit diesen Leuten nicht zu spaßen ist. Der Fritz steht ganz schön unter Druck. Zuerst wollte er, dass ich ihm das Geld leihe. Weil ich schon so lange Kunde bei ihm sei, würden wir uns doch so gut kennen, meinte er. Da ich mich geweigert habe, versucht er es jetzt auf die harte Tour. So, jetzt vergessen Sie bitte alles, was ich ihnen erzählt habe. Was war denn der Grund ihres Besuches?"
„Wir wollten eigentlich nur Wein kaufen", erklärte Hellen.

Nachdem die Weinkartons im Beetle, unter anderem auf dem Rücksitz, verstaut waren, setzte sich Hellen wieder hinter das Steuer. „Schau mal dort oben an dem Haus." Renate deutete die Straße hinauf. „Das ist doch der schwarze Corsa. Ob die

Leute dort auch erpresst werden? Fahr doch mal unauffällig dort vorbei."
„Bist du verrückt? Wenn die uns sehen!" Hellen war wenig begeistert.
„Du brauchst ja nicht anzuhalten. Was soll schon passieren? Du kannst oben am Reimer Kopf drehen und dann fahren wir direkt zurück."
„Also gut. Du gibst ja doch keine Ruhe."
Sie fuhren im Schritttempo an dem Corsa vorbei. Ekel Alfons saß noch immer am Steuer. Hellen stockte der Atem, als Renate mit ihrem Handy Fotos machte. Von Fritz war zunächst nichts zu sehen, doch plötzlich trat er aus dem Haus, wie immer mit dunkler Sonnenbrille auf der Nase. Renate knipste weiter. Während Hellen den Beetle unauffällig wieder beschleunigte konnte sie im Rückspielgel erkennen, wie der Mann auf den Beifahrersitz des Corsa stieg.

Sie fuhren weiter aufwärts zum Reimer Kopf, von wo es wieder zurück nach Traben-Trarbach gehen sollte. Der schwarze Corsa fuhr mit hoher Geschwindigkeit hinter ihnen die Straße hinauf und kam schnell näher. „Was soll das denn werden?" Hellens Stimme klang erschrocken. „Ich werde jetzt hier aber nicht anhalten, um zu drehen. Wer weiß, was die vorhaben?"
„Fahr einfach weiter, dann können die nichts machen", versuchte Renate sie zu beruhigen. Die Straße schlängelte sich steil den Berg hinauf. Die

beiden Fahrzeuge fuhren jetzt fast Stoßstange an Stoßstange. „Will der uns den Berg hochschieben?“ Hellen begann zu schwitzen.
Am Wagen hinter ihnen blinkte die Lichthupe mehrmals auf. Dann fuhr der Corsa auf die linke Spur. Ekel Alfons versuchte doch tatsächlich auf dieser schmalen und völlig unübersichtlichen Straße zu überholen. Als die beiden Autos fast nebeneinander waren, kam der Corsa immer näher und versuchte den Beetle von der Straße abzudrängen. Renate kreischte auf, während Hellen verzweifelt versuchte, das Auto auf der Straße zu halten. Die Weinkisten auf dem Rücksitz begannen zu rutschen. In diesem Moment kam ein Fahrzeug von vorne und der Corsa ließ sich zurückfallen. „Scheiße“, stöhnte Hellen. „Das war knapp!“
Aber es war noch nicht vorbei. Als das entgegenkommende Fahrzeug vorübergefahren war, zog der Corsa wieder nach links. Hellen hielt den Beetle nun in der Mitte der Straße, sodass die Männer keine Chance hatten, an ihnen vorbeizukommen. Inzwischen hatten sie die höchste Stelle erreicht. Unten im Tal konnte man schon das Örtchen Kröm erkennen, auf dass sie nun durch die Weinberge zufuhren. Der Corsa blieb ihnen dicht auf den Fersen. Erst im Ort drehte er ab. „Das war knapp“, hauchte Hellen und fuhr auf einen Parkplatz.

„Wir müssen zur Polizei“, sagte Renate entschlossen.
„Bist du verrückt? Du hast doch gehört, was die vorhaben. Ich möchte nicht schuld sein, wenn der kleinen Tochter von Philip und Sophie etwas passiert.“
„Wenn du meinst, dann sollten wir aber mit niemandem über die Sache sprechen. Hoffen wir mal, dass die beiden Gangster uns nur einen Schrecken einjagen wollten und uns jetzt in Ruhe lassen. Wir sollten aber in jedem Fall vorsichtig sein und die Augen offen halten. Man kann ja nie wissen.“
Als die beiden Frauen endlich wieder am Hotel ankamen, stand Erika in der Empfangshalle und sprach mit einem südeuropäisch aussehenden Herrn mit dunkler Sonnenbrille. „Der sieht auch aus, wie von der Mafia“, stellte Renate fest. „Ich glaube, ich habe Verfolgungswahn.“

Benny war schon besorgt, weil seine Frau so lange unterwegs war, als es endlich klopfte. Hellen stürzte ins Zimmer, ließ ihre Tasche fallen und warf sich an seinen Hals. „Nanu, warum so stürmisch? Hast du mich etwa so vermisst?“
Ihr war nicht zum Scherzen zumute. Zitternd erzählte sie Benny von ihrem Erlebnis.
„Bist du sicher, dass der Wagen euch verfolgt hat? Oder ist mit euch Frauen mal wieder die Fantasie durchgegangen? Vielleicht war das nur

so ein Straßenrowdy. Du siehst zu viele Krimis. Lass uns mal einen kühlen Kopf bewahren und den Verstand einsetzen."
„Toll, jetzt wirst du auch noch zum Macho."
„Na gut, wenn das alles den Tatsachen entspricht, informieren wir jetzt die Polizei."
Das wollte Hellen aus Angst um die Familie des Winzers auch nicht. Also beschlossen die zwei, zunächst nichts zu unternehmen und einen Ausflug mit dem Beetle zu machen.
So richtig konnte Hellen den Tag nicht genießen, aber sie ließ sich nichts anmerken. Abends informierte Didi die Gruppe, dass der nächste Tag zur freien Verfügung sei. Er empfahl einen Besuch des Weihnachtsmarktes in der Traben-Trarbacher Unterwelt, auf die sich Hellen schon zu Hause gefreut hatte, als Betty ihnen davon erzählt hatte.

Die Weinhändlerin hatte nicht zu viel versprochen. Die Keller beeindruckten alleine schon durch ihre Größe und die vielen Holzfässer. Nun war auch noch alles weihnachtlich geschmückt und von tausenden Kerzen in ein warmes Licht getaucht. In einigen Kellern standen lange Tische mit handwerklichen Auslagen, Schmuck, Handtaschen, weihnachtlicher Dekoration, herrlich duftenden Leckereien und buntem Holzspielzeug. Benny interessierte sich gerade intensiv für einen Stand mit unzähligen Käsesorten, während Hellen in einer Ecke einen Tisch mit wunderschönen

Weihnachtsbaumkugeln entdeckte, als sie plötzlich einen scharfen Gegenstand im Rücken spürte. „Dreh dich nicht um, sonst steche ich zu“, fauchte eine leise Männerstimme. In Hellen stieg Panik auf, was von ihrem Angreifer wohl auch beabsichtigt war. „Ich warne dich und deine faltige Freundin nur einmal. Wenn ihr auf die Idee kommen solltet, zur Polizei zu gehen, werdet weder ihr noch die Tochter von Philip Berg den nächsten Tag überleben. Ich finde euch, darauf kannst du dich verlassen.“ Dann war der Spuk vorbei. Der Mann war genauso schnell wieder in der Menschenmenge verschwunden, wie er gekommen war.

Hellen suchte Benny und machte ihm klar, dass sie sofort zurück ins Hotel wollte. Obwohl dieser seine Frau nicht verstand, erfüllte er ihr die Bitte. Erst im Zimmer erklärte sie die schnelle Flucht aus dem Kellergewölbe.

„Jetzt reicht es mir!“, entschied Benny. „Ich werde jetzt die Polizei anrufen.“

„Das kannst du nicht machen! Du musst an die Familie Berg denken. Wenn hier im Hotel die Kripo auftaucht, wissen die Gangster sofort, dass ich geredet habe.“

„Okay, dann fahre ich nach Traben-Trarbach zur Polizeistation und regle das vor Ort. Du schließt die Tür ab und lässt dein Handy immer griffbereit liegen.“

Hellen willigte ein, schloss die Zimmertür hinter

Benny sorgfältig ab, ließ sich auf das Bett fallen und nahm das Buch, das sie gerade las, in die Hand, während ihr Blick aus dem Fenster schweifte. Nach einer Stunde wurde sie nervös. Benny würde doch wohl nichts zugestoßen sein. Sie schrieb ihm eine Nachricht auf das Handy und hörte unmittelbar danach einen kurzen Klingelton. Ihr Mann hatte sein Handy in einer Jackentasche vergessen. Als eine weitere Stunde ohne eine Nachricht von Benny verstrich, wurde Hellen nervös. Sie beschloss, in die Hotelhalle zu gehen in der Hoffnung, Faltenrenate zu treffen, mit der sie als Einzige über die Situation sprechen konnte.

Währenddessen hatte sich Benny im Beetle in Richtung Innenstadt aufgemacht. Weit war er nicht gekommen, da das gesamte Städtchen abgesperrt war. Als er Hellen benachrichtigen wollte, stellte er fest, dass er sein Handy nicht dabei hatte. Nun staute sich hinter ihm bereits der Verkehr die Moselstraße entlang, sodass er auch nicht mehr zurückfahren konnte. Er saß quasi in der Falle.

Im Radio sangen Fanta 4 gerade ‚Sie ist weg'. Dann folgte SWR-Aktuell: „… in der Traben-Trarbacher Unterwelt soll es vor einer knappen Stunde nach einer Schießerei zwei Tote gegeben haben. Die Polizei fahndet nach dem Täter. Zeugen haben gesehen, wie er zu Fuß geflüchtet sein soll. Die gesamte Traben-Trarbacher Innenstadt

ist abgesperrt. Sobald wir mehr wissen, werden wir sie informieren.“ Benny war wie vor den Kopf geschlagen. Die Schießerei stand mit Sicherheit im Zusammenhang mit den beiden Erpressern. Er musste sofort die Polizei informieren, aber er saß hier ohne Handy fest.
Als Hellen in der Hotelhalle ankam, bemerkte sie verwundert, dass diese voller Menschen war. Auch die gesamte Reisegruppe aus dem Sauerland war anwesend. Sie entdeckte Faltenrenate und den dicken Chiemgauer in der Nähe der Rezeption auf einer Couch und ging direkt auf die beiden zu. „Gottfried, rutsch mal zur Seite, damit Hellen auch Platz hat.“
Hellen ließ sich erleichtert zwischen die beiden sinken. „Benny ist weg. Ich warte schon seit zwei Stunden auf ihn.“
„Mancher Mann soll selbst vom Zigarettenholen nicht zurückgekommen sein“, grinste der dicke Chiemgauer und erntete einen vernichtenden Blick von Renate. Diese informierte Hellen nun über die Schießerei in der Traben-Trarbacher Unterwelt. „Benny“, flüsterte Hellen mit tränenerstickter Stimme. „Ich kann Benny nicht erreichen. Er wollte zur Polizei. Hoffentlich ist ihm nichts passiert.“
In diesem Moment näherte sich Erika mit den Worten: „Mein Alfons ist schon seit gestern verschwunden. Ich habe keine Ahnung, wo der steckt.“

Sie schien allerdings nicht sonderlich traurig über den fehlenden Ehemann zu sein, was bei dem Exemplar ja auch kein Wunder war. Renate hatte plötzlich eine Idee. Sie zeigte Erika die Fotos, die sie von Alfons und dem anderen Gangster im Corsa gemacht hatte. „Das ist ja der Fritz, ein Kumpel von Alfons. Die beiden haben früher immer zusammen irgendwelche Gaunereien ausgeheckt, bis Fritz an die Mosel gezogen ist. Der Alfons besucht ihn zweimal im Jahr. Das habe ich dir doch schon auf dem Planwagen erzählt, Hellen. Wer weiß, warum Alfons unbedingt diese Busreise mit mir machen wollte? Der macht doch nichts ohne Hintergedanken."
Trotz ihrer großen Sorge stellte Hellen fest, dass sich inzwischen die ganze Gurkentruppe um sie versammelt hatte und neugierig die Geschehnisse beobachtete. Ein junger Mann mit einer Kamera betrat die Hotelhalle. „Ich bin Manfred Maus, Reporter vom Trierer Volksfreund", stellte er sich an der Rezeption vor. „Ich suche Frau Erika Nüsslein. Sie soll hier im Hotel wohnen."
„Das bin ich, junger Mann", meldete sich Erika zu Wort. „Was kann ich für Sie tun?"
„Mein Beileid, gnädige Frau. Ich habe gerade in Erfahrung gebracht, dass ihr Gatte erschossen wurde. Die Polizei müsste auch gleich hier sein. Sie hat den flüchtigen Täter gerade festnehmen können."
„Sind sie sicher?", fragte Erika ohne jede Ge-

fühlsregung.
„Das ist ja krass“, kommentierte Puppe, während Schatzibär blöd grinste.
In diesem Moment kam Benny herein, der schließlich das Auto an den Straßenrand gefahren hatte und zu Fuß zurückgekommen war. Hellen fiel ihm glücklich um den Hals.
Gleich darauf erschienen zwei Polizisten in der Hotelhalle und gingen direkt auf Manfred Maus zu. „Was machen Sie denn schon hier?“
„Dass die Polizei langsamer ist als die Presse, ist ja schon allerhand“, kommentierte der dicke Chiemgauer. „Euer Blaulicht ist wohl kaputt.“ Renate stieß ihm den Ellenbogen in die Seite, während Puppe und Schatzibär sich vor Lachen die Bäuche hielten. Die Polizisten ignorierten die unpassenden Einwürfe und wandten sich direkt an Erika. „Gnädige Frau, es tut uns sehr leid, ihnen mitteilen zu müssen, dass ihr Gatte heute verstorben ist.“
„Schon gut, ich bin schon darüber informiert, dass er erschossen wurde.“
„Wir haben den Täter gefasst. Er hat bereits ein umfassendes Geständnis abgelegt. Ihr Gatte und ein weiteres Opfer, Herr Fritz Krüger, hatten Spielschulden bei dem Täter. Sie haben ihn in das Traben-Trarbacher Gewölbe bestellt, weil sie angeblich das geschuldete Geld übergeben wollten. Das war aber wohl eine Falle. Wir nehmen an, dass Alfons Nüsslein und Fritz Krüger geplant

hatten, den Mann umzubringen. Bei den beiden Opfern wurden ein Springmesser und eine geladene Pistole gefunden, deshalb müssen wir aktuell davon ausgehen, dass der Täter aus Notwehr geschossen hat."
„Ist doch eh egal, tot ist tot", kicherte Puppe. „Um den Alfons wird hier keiner trauern."

„Wegen der Spielschulden wollten die beiden Philip Berg erpressen", warf Hellen ein.
„Erpressung?", fragte einer der Polizisten. „Was ist das denn schon wieder für eine Geschichte? Meine Damen, ich denke, wir sollten das mal in Ruhe auf dem Präsidium besprechen. Da hat die Presse auch nicht so große Ohren."
Wenig später saßen Renate und Hellen im Polizeiwagen, der sie zur Wache brachte, wo sie ihre Erlebnisse zu Protokoll gaben. Auch Philip und Sophie Berg wurden nach einiger Zeit für eine Aussage hereingebracht. Die beiden waren sichtlich erleichtert, dass der Spuk vorbei war.
Den Abend verbrachten Hellen und Benny alleine in einem gemütlichen Lokal, wo sie bei einem köstlichen Menü und reichlich Wein die Geschehnisse noch mal Revue passieren ließen.
Am nächsten Morgen wartete der Bus bereits um neun Uhr vor der Tür des Moseltraums, um die Gäste wieder in das Sauerland zu bringen. „Diesmal will ich aber nicht in der Nähe von

Schatzibär und Puppe sitzen“, flüsterte Benny. Hellen nickte zustimmend.
Nahezu die ganze Gurkentruppe befand sich bereits in der Hotelhalle. Didi lief aufgeregt herum und diskutierte mit der Dame an der Rezeption, als Erika mit einem geheimnisvollen Lächeln auf den Lippen aus dem Fahrstuhl stieg. Sie trug einen eleganten beigefarbenen Mantel mit passendem Hut und nickte der Reisegruppe nur kurz zu. Dann verschwand sie nach draußen, wo sie in eine große schwarze Limousine stieg. Auf dem Fahrersitz saß ein Herr mittleren Alters mit einer schwarzen Sonnenbrille. Der Wagen rauschte lautlos davon.
„Der war bestimmt auch von der Mafia“, kicherte Hellen leise.
„Wer weiß…“, antwortete Benny. „Ihr Frauen habt ja so manche Geheimnisse, bei euch kann man nie wissen, was passiert.“ Dabei küsste er Hellen lächelnd auf den Mund.

Flüssige Sonnenstrahlen:

Lichtspiel
Spätburgunder Rosé
Trocken

Weingut Peter Barzen
Bergstraße 28
56861 Reil
www.weingutpeterbarzen.de

Frank W. Kallweit

TiRiLi – Gruß aus der Küche
(Tatort: Kaiserstuhl)

„Stößchen“, Tina hob ihr mit prickelnder Flüssigkeit gefülltes Glas und prostete ihren beiden Freundinnen zu. „Roter Sekt, so rot wie die Liebe. Wahre Liebe gibt’s nur unter Mädels. Auf unsere Freundschaft!“ Ihre Sektgläser trafen sich laut klingend in der Tischmitte. Anschließend verschwanden die schäumenden Getränke in den grell geschminkten Mündern. Eigentlich wollten sich die Freundinnen häufiger sehen, doch dieses Mal war seit dem letzten Treffen fast ein halbes Jahr vergangen. Wenn es irgendwie passte, trafen sich die drei jungen Frauen samstagmittags an ihrem Stammtisch in der Sonderbar. Dort kannten alle die drei Mädels, oft laut, singend und kichernd, stets mit Wein- oder Sektglas in der Hand, weshalb die Freundinnen allgemein als die Rebläuse bekannt waren. Sonderbar war der Name ihres Treffpunktes, eines urigen Bistros mitten in der Freiburger Altstadt. Der Kellner im weißen Oberhemd und langer roter Schürze war wieder einmal auffallend bemüht um die attraktiven Frauen. Er scharwenzelte fast schon wie ein Kater um junge Vögel, die aus dem Nest zu purzeln drohten. „Darf es noch etwas Prickelndes sein, die Damen?“ „Auf jeden Fall, oder?“, antwortete

Tina, ohne nur einen Moment abzuwarten. Ihre beiden Freundinnen nickten zustimmend. „Aber wo soll es denn genau prickeln?“, ergänzte Rita provokant. Nun blickten die Frauen erwartungsvoll auf den jungen Kellner. „Ich hab …“, dann endete die Antwort abrupt. „Carlos!“, klang eine energische Frauenstimme aus Richtung Tresen. „Wir haben auch noch andere Gäste.“ Carlos war den Anweisungen seiner Chefin unverzüglich gefolgt und aus dem Sichtfeld der Frauen entschwunden.

„Und wie läuft's mit deinem Traumjob?“, wollte Rita nun von ihrer Freundin Tina erfahren. Tina wollte schon seit Kindertagen nichts anderes werden als Spitzenköchin. Ihre Freundinnen hatten Fotos von Rockstars und Schauspielern an die Wände ihrer Zimmer gepinnt. Tina hatte Autogrammkarten von Sterneköchen gesammelt, die sie aus Fernsehsendungen kannte. Gut, die meisten Mädchen hegen irgendwann in ihrer Kindheit den Wunsch Prinzessin zu werden, die wenigsten werden es dann auch tatsächlich. Aber Tinas Wunsch verflüchtigte sich nicht. Auch nach dem Abitur war ihr Berufsziel unverändert geblieben. Die junge Frau hatte einen Ausbildungsplatz fest im Visier, eine Kochlehre beim großen Sternkoch Willi Linse in Freiburg. Sie hatte es tatsächlich geschafft, dieser Teil des Traums ging in Erfüllung. Doch an dem Tag des Wiedersehens in der Sonderbar klangen ihre Worte eher nach einem bösen Erwachen. „Ich glaube, mit meinem Traumjob ist es schon bald vorbei“, klang Tina ziemlich frustriert. Die Freundinnen hatten die Gläser auf den Tisch gestellt. Es war still geworden. Sie konnten es nicht glauben. „Dieser blöde Mistkerl“, mit diesen Worten bezeichnete Tina ihren Chef Willi Linse, den bisher von ihr so angehimmelten Sternekoch. „Wisst ihr, was der zu mir gesagt hat?“ Die Freundinnen wussten es natürlich nicht und warteten gespannt auf die Antwort. „Meine Speisen seien Körperverletzungen! Körperverletzungen hat der gesagt. Die Gäste würden ihn auf Schmerzensgeld verklagen.“ Das war in der Tat eine vernichtende Kritik, die die junge Frau tief verletzt hatte. „Aber du hast doch beim Zubereiten deiner Speisen immer so kreative Ideen“, versuchte Lisa ihre Freundin zu trösten, obwohl Lisa schon bewusst war, dass ungenießbare Speisen nicht viel besser werden, wenn diese interessant angerichtet sind. Aus eigener leidvoller Erfahrung wusste sie, dass Tinas kredenzte Gerichte nicht unbedingt zu den Hochgenüssen zählten. Auch andere Freunde, Verwandte und Bekannte hatten schon ähnliche Erfahrungen gemacht. So lag die Erkenntnis nahe, dass die Kritik des Sternekochs gewiss nicht grundlos gewesen war. Diese Wahrheit sollte aber nicht eine lange und tiefe Mädelsfreundschaft belasten. Eine weitere Runde des prickelnden Getränkes konnte die Stimmung der Frauenrunde nur kurzfristig aufhellen. Die Erkenntnis wog zu schwer, dass Tina unfähig sein könnte, ihren Traumberuf auszuüben. Dabei hatte sie ihre Kochlehre doch noch nicht einmal beendet. Rita hatte bisher geschwiegen, fasste sich nun aber ein Herz. „Tina, du hast immer so tolle Ideen für die ausgefallensten Menüs, nur du kannst die Speisen halt nicht abschmecken. Wo andere Menschen Geschmacksnerven haben, da …“ Tina sprang entrüstet von ihrem Stuhl auf. „Ich bin doch nicht behindert.“ Nun startete Lisa einen Versuch, die Wogen zu glätten. „Du brauchst nur eine Person, die deine Gerichte abschmeckt, dann ist doch alles okay!“ „Danke, wirklich tolle Idee. Bei der Prüfung bring ich dann eine Abschmeckhilfe mit oder was? Meine Kochlehre kann ich vergessen. Lisa, du hast gut reden, arbeitest du doch sicher im Betrieb deiner Mutter“, Tinas Stimme zitterte vor Erregung. Lisa nahm einen großen Schluck aus ihrem Glas und blickte traurig in die Runde. „Und welche Reblaus ist über deine Leber gelaufen?“, animierte Rita ihre Freundin dazu, ihr Herz auszuschütten. „Die Arbeit mit meiner Mutter geht nicht mehr lange gut. Fast jeden Tag haben wir Zoff. Ich mache den ganzen Schnitt kaputt, hat sie mir an den Kopf geworfen.“ Rita musste loslachen. „Ja, bei einer Friseurin sollte der Schnitt schon passen“, prustete sie die Worte heraus. Sie wusste, dass sie sich nicht angemessen verhalten hatte, vermochte das Lachen einfach nicht zu unterdrücken. Sofort versuchte sie ihre Entgleisung zu korrigieren: „Hab ich wirklich nicht so gemeint, ist mir rausgerutscht!“ „Rita, du hast immer noch gut lachen. Bist du immer noch bei der Eventagentur?“ Rita schüttelte den Kopf. „Nein, schon lange nicht mehr. Habe kurze Zeit im Bereich Mediendesign gearbeitet, dann war ich bei einer selbstständigen Weddingmanagerin.“ „Das ist ja cool“, klang es synchron aus den Mündern der Freundinnen. „Mach ich aber auch schon nicht mehr“, schränkte Rita die Begeisterung sofort wieder ein.

„Jetzt spann uns nicht auf die Folter. Was machst du jetzt?“

„Influencerin“, ein Wort erzeugte kurzzeitige Stille.

„Damit verdienst du Geld?“, wollte Lisa wissen.

Rita nickte.

„Influenza? Mit Krankheiten?“, Tina schien überrascht.

„Quatsch! Ich blogge Lifestyle“, erklärte Rita.

„Was machst du?“ Diese Dinge hatten in Tinas Koch- und Küchenwelt keinen Platz.

„Rita postet einfach, was sie so den Tag über treibt. Dabei hält sie ein paar hippe Klamotten rein zufällig in die Kamera“, erklärte Lisa mit einfachen Worten.

„Super Job! Damit verdienst du Geld?“, klang Tina beeindruckt.

„Es läuft langsam an …“, nach einer kurzen Pause ergänzte Rita, „ganz langsam.“
Lisa blickte in die Gesichter ihrer Freundinnen. „Also brauchen wir wohl alle einen neuen Job, bei dem wir Mädels Spaß haben und reichlich Kohle verdienen!“
Aus dieser Sektlaune heraus, beschlossen die drei Frauen, gemeinsam einen Tempel der Genüsse am Kaiserstuhl zu eröffnen. Passende Räumlichkeiten waren schnell gefunden. Die erste Adresse des guten Geschmacks sollte künftig im Herzen von Breisach im alten Schlachthof zu finden sein. An der alten Ziegelwand leuchtete hell der Name TiRiLi. Der Name war einfach aus den ersten Buchstaben der Vornamen Tina, Rita und Lisa zusammengesetzt. Nun gab es den zu Stein gewordenen Traum von einem Gourmettempel TiRiLi unter Leitung der drei Freundinnen. Tina übernahm den Küchenbereich, Lisa Bar- und Service, und Rita sollte sich um Ambiente und Marketing kümmern. Kreative Ideen waren keine Mangelware. Es fehlten die Kräfte, die den Geist in Materie umsetzen konnten. Wer sollte und konnte diese fantastischen Speisen zubereiten? Wer konnte die passenden Weine finden? Sollte die Idee schon zu Beginn wie ein Ballon zerplatzen und die drei Freundinnen aus ihrem Traum auf den harten Boden der Wirklichkeit fallen lassen?

Obwohl alle drei Frauen eigentlich dasselbe Ziel hatten, agierte sie doch sehr unterschiedlich. Tina war nur auf die Einrichtung ihrer Küche, den Abläufen bei der Speisenzubereitung und der Entwicklung neuer Menüs fixiert. In ihrem strengen Tunnelblick wurden alle anderen Dinge ringsherum ausgeblendet. Unbeachtet von ihr war der finanzielle Rahmen längst überschritten worden. Doch zum Glück war Lisa im Team. Auch sie hatte ihr Budget für die Bar überzogen, doch sie besaß Verhandlungsgeschick, besser gesagt, sie verstand es gut, die weiblichen Reize einzusetzen. So rettete Lisa durch die Ausweitung des Kreditrahmens bei der örtlichen Bank ihr gemeinsames Projekt vor dem frühen Scheitern. Rita ließ die Medienkontakte glühen und rührte die Werbetrommel kräftig. Bereits vor der geplanten Eröffnung hatte ihr Restaurant TiRiLi über die regionalen Grenzen hinaus reichlich Aufmerksamkeit erhalten. Rita setzte sich bei ihren Kampagnen gern selbst ins Rampenlicht, was insbesondere bei Lisa auf Unmut stieß. Die unbeschwerten gemeinsamen Treffen der drei Rebläuse in der Sonderbar waren in weite Ferne gerückt. Schon wieder wurde das Geld knapp. Endlich musste ihr Traumschiff vom Stapel laufen. In der regionalen Szene und den Social Media wurde dem Ereignis bereits entgegengefiebert. Der neue Gourmettempel wurde von Buchungsanfragen überhäuft. Die Räumlichkeiten waren sensationell geworden.

Lisa steckte immer tiefer in ihrer Küchenwelt. Neue kreative Menüideen im Kopf ließen sie nicht mehr los. Doch wer sollte diese endlich in die Realität umsetzen? „Ein Koch muss her, ganz schnell, sonst fahren wir die Kiste vor die Wand. Tina, Rita, Mädels, aufwachen! Sonst sind wir schon vor der Eröffnung pleite“; brachte es Lisa auf den Punkt. Eilig wurden Bewerber gesucht und zu Vorstellungsgesprächen eingeladen. Doch die Challenge war schnell beendet, keiner der Kandidaten kam in den Recall. Der erste Bewerber reiste mit der Vorstellung an, drei abgebrochene Lehren würden eine komplette Kochausbildung ergeben. Der zweite Anwärter auf die Stelle hatte offensichtlich den letzten Ölwechsel verpasst. Ein leicht ranziger Geruch umhüllte seine Aura. So scheiterte auch dieser Dompteur an der Fritteuse gleich in der ersten Runde. Es verblieb als Hoffnungsträger nur noch ein Jungkoch, der sein Handwerk in einem renommierten Restaurant in Freiburg erlernt hatte. Doch ein Praktikum in Japan hatte aus ihm einen Samurai der Algenküche geformt. Da mussten die Frauen einhellig abwinken. „In unsere Küche kommen keine Käfer und keine Algen“, war ihre Devise. So verließ auch der letzte Hoffnungsträger das Schiff. „Was machen wir denn jetzt?“, Tina schien resigniert. Zum ersten Mal wurde ihr wirklich der Ernst ihrer Lage bewusst. Rita holte eine kalte Flasche Sekt und drei Gläser. Dann schenkte sie ein. „Prösterchen! In solchen Fällen kann doch nur eine helfen“, ergänzte Rita, nachdem sie ihr Glas geleert hatte. „Lisa hat ihren Charme bei den Bankgeschäften erfolgreich eingesetzt. Da wird es wohl auch noch für einen Jungkoch reichen.“ Es brauchte ein wenig Überzeugungsarbeit, aber dann war Lisas Widerstand gebrochen. Tina hatte auch schon einen Jungkoch aus Freiburger Zeiten im Visier und Lisa sollte die Jagd beenden. Sven, die rechte Hand von Sternekoch Willi Linse, hieß das Opfer, wurde kurz anvisiert und dann erlegt. Eine Woche später heuerte er bei den Frauen an. Es gab nur ein Problem, seine Bereitschaft war teuer erkauft worden. Der junge Mann hatte sich unsterblich in seinen Lockvogel Lisa verliebt. Und der Geschäfte wegen musste Lisa diese Gefühle auch weiter anfeuern. Tina hatte mit Sven fantastische Menüs umgesetzt. Es fehlten nur noch die Begleiter, die Weine.

Lisa und Rita durfte als Erste die Köstlichkeiten probieren. „Das Essen ist spitze, jetzt müssen auch noch Spitzenweine her“, fasste Rita kurz das Ergebnis zusammen. Lisa grinste. „Auch Winzer haben knackige Söhne! Ich habe da schon mal was vorbereitet.“ Auf dem Display ihres Smartphones zeigte sie den beiden anderen Mädels eine Auswahl stattlicher junger Männer. „Das soll hier kein Casting für eine neue Boygroup werden“, bemerkte Rita etwas verwundert. Tina schaute sich die Fotos genau an. „Ist das die neue Besetzung für ein Remake von Bay Watch?“ „Ja, ich sehe schon die Überschrift: Unsere Jungs von der DLRG hier am Rheinufer!“, bei den Worten streckte Rita ihre Arme hoch in die Luft, als wollte sie ein Werbeplakat hochhalten. „Also Mädels, genug geträumt. Wir brauchen einen Winzer und Spitzenweine“, erinnerte Tina an den Ernst der Lage. „Wir machen da einen Wettbewerb. Ich berichte dann in den Social Media. Super“, hatte Rita sofort eine Idee, ein Event daraus zu gestalten. „Drei ausgewählte Winzer sollen zu einer Speisenfolge Weine vorschlagen. Wir Mädels werden dann das Ergebnis als Jury verkosten und bewerten“, schlug Tina vor. Ihre Freundinnen stimmten zu. „Aber ich finde, der Lukas hier bekommt vorab schon mal zehn Sonderpunkte“, ergänzte Lisa mit einem schnippischen Grinsen. „Ach Lisa, kannst du nicht einmal bei der Sache sein. Diesmal geht es um den Wein und unseren Traum. Lisa, dir geht’s ja immer nur um das eine.“ Tina blickte etwas gereizt in die Runde.

Eine Woche später sollte die Wahl getroffen werden. Drei junge Weinmacher erhielten der Reihe nach die Chance, ihre Weine zu präsentieren. Ein großer Tisch im Speisesaal war festlich eingedeckt. Die Vorbereitungen in der Küche liefen unter Svens Leitung auf Hochtouren. Das Servicepersonal war eingewiesen und stand bereit. Die drei Jungunternehmerinnen hatten sich für den

Anlass festlich gekleidet und den Abend mit einer Flasche Sekt eröffnet. „Prösterchen! Ist ja fast wie in alten Zeiten“, bemerkte Tina. „Nur heute sitzen wir in unserem eigen Laden“, ergänzte Rita nicht ohne Stolz. „Und heute prickelt nicht nur der Sekt“, Lisa grinste bei ihren Worten. Tina hatte noch ein letztes Mal in der Küche die Vorbereitungen kontrolliert. Sven hatte mit einem kleinen Team alle Speisen vorbereitet. Die Küchenpremiere lief auf vollen Touren. Schon trat der erste Winzer vor die Jury. Es war Lukas, Lisas Favorit. Der erste Gang wurde serviert. Für die Frauen, die auf der einen Seite des Tisches nebeneinander saßen, wurde auf einer gemeinsamen Platte serviert. Dem Winzer wurde ein separater Teller mit der Speise gebracht. Das wundervoll angerichtete Kunstwerk für die Gaumen wurde von Tina erläutert, dann konnte davon gekostet werden. Im Anschluss sollte die passende Weinempfehlung vorgestellt werden. Die Vorstellung war kurz, der Abgang intensiv und endgültig. Lukas brach tot zusammen. Tina schien regungslos, vielleicht eine Art Schockstarre, wurde nicht zuletzt auch ihr Lebenswerk zu Grabe getragen. Lisa und Rita wurden von ihren Gefühlen fast zerrissen, ihr Schmerz ließ sie laut schreien und Tränen fließen. Die Rechtsmedizin kam zu einem eindeutigen Ergebnis: Der junge Winzer war vergiftet worden. Spuren des Giftes waren lediglich in der für den Winzer servierten Speise gefunden worden. Für die Polizeiermittler war klar, der junge Winzer war gezielt vergiftet worden. Wer hatte ein Motiv, den jungen Mann zu ermorden? Eine große Zahl der Tötungsdelikte sind Beziehungstaten aus Eifersucht. Lisa hatte sich im Vorfeld mehrfach mit dem jungen Winzer getroffen. Da war es nicht verwunderlich, dass der Koch Sven von der Polizei als Hauptverdächtiger vernommen wurde. Für den Koch wäre es ein leichtes gewesen, die Speise seines vermeintlichen Nebenbuhlers zu vergiften. Die Ermittler stießen bei Durchsuchungen beim Winzer auf etwas Interessantes. Einer seiner besten Jungweine trug den Namen einer der Restaurantleiterinnen. Zur Überraschung der Polizei war es nicht Lisa, die dem Getränk ihren Namen lieh, sondern Rita. Warum hatte der Jungwinzer gerade diese Namensgeberin für seinen Spitzenwein gewählt?

Rita hatte nicht mehr länger ansehen können, was Lisa mit den Männern veranstaltet hatte. Aus diesem Grund hatte sie Lukas aufgesucht, um ihn vor ihrer Freundin zu warnen. Bei diesem Treffen hatten Rita und Lukas viel geredet. Die beiden waren sich näher gekommen. Es prickelte nicht nur der rote Sekt in ihren Gläsern. Rita hatte sich in Lukas verliebt. Sie hatte Lisa von dem Ereignis nichts erzählt, denn ihre Reaktion hätte so kurz vor der Eröffnung noch ihr großes Projekt gefährden können. Außerdem wollte Rita, Lukas Chancen bei der Weinverkostung nicht ver-

schlechtern. Tina hatte aber an Rita eine Veränderung wahrgenommen. „Was ist los mit dir? Deine Augen glänzen!“, hatte Tina bemerkt. Und dann hatte Rita ihr Geheimnis nicht mehr für sich behalten können. Sie hatte ihrer Freundin von dem großen Liebesglück erzählt. Tina hatte darauf recht merkwürdig reagiert. „Ja, gut, schön für dich“, hatte sie nur kurz geantwortet und sich dann verabschiedet.
Beim Gehen grummelte sie fast unverständlich: „Wir drei Mädels wollten unser großes Ding machen. Doch bei Männern verliert ihr den Verstand und macht alles kaputt.“ Tina war eifersüchtig auf die Männer, die in ihren Mädelskreis getreten waren. Sie hatte Angst, ihre Mädels und ihren großen Traum zu verlieren. Als Tina dann kurz vor der Weinvorstellung in der Küche die Speisen kontrolliert hatte, hatte sie den Teller für Lukas vergiftet. Ein letzter Gruß aus der Küche und aus war der Traum vom TiRiLi.

Gruß vom Kaiserstuhl:

Cuvée Noir
Spätburgunder, Cabernet Sauvignon, Cabernet Mitos, Cabernet Cortis, Merlot, Dunkelfelder, Pirosso
Trocken

Winzergenossenschaft
Königschaffhausen-
Kiechlinsbergen e.G.
Kiechlinsberger Straße 2-6
79346 Endingen
www.koenigschaffhauser-wein.de

Frank W. Kallweit

Der komische Vogel
(Tatort: Rheingau)

Horst fühlte sich seit einigen Wochen ziemlich alt. Vielleicht lag eine Ursache darin, dass seine Lebensjahre nun mehr als ein halbes Jahrhundert zählten. Mehr noch zerrte der Gedanke an den Frischluftentzug in den nächsten Jahren an seinem Nervenkostüm. Kaltes Neonlicht leuchtete den funktionellen Raum aus. Diese Umgebung sollte für mehr als fünfzehn Jahre nun seine Zukunft bestimmen. ‚Hätte ja schlimmer kommen können', versuchte er in Gedanken seiner Situation etwas Positives abzugewinnen. ‚Es ist hier warm, trocken und hell.' Horst liebte seine Freiheit. Stets hatte er einen Bürojob abgelehnt. Aus tiefster Überzeugung und Tradition hatte er den elterlichen Winzerbetrieb übernommen. Die vielen Stunden im Weinberg und im Keller, die harte körperliche Arbeit bis zur Erschöpfung, das waren die Herausforderungen, die er suchte. Ein Fehler war es gewiss, dass er sich mit der Büroarbeit nicht so recht hatte anfreunden können. Selbst die mahnenden Worte seines Steuerberaters hatten nichts geholfen. Schon seit Generationen war seine Familie Weinlieferant der großen weltweit bekannten Sektkellerei in der Region gewesen. Nicht ohne Stolz hatte er darauf hingewiesen, dass auch sein Wein in diesen Flaschen in die ganze Welt verschickt wurde. Doch schon lange hatten die Erlöse nicht ausgereicht, die gestiegenen Betriebskosten zu decken. Es war ein harter Schlag gewesen, der ihn niedergestreckt hatte. Ausgeträumt! Sein Erwachen war bitter gewesen. Von diesem Zeitpunkt an arbeitete er im Büro der Schreinerei seines Schwagers. Die Weinberge hatte er verkaufen müssen. Große Gebäude und alte Kellergewölbe, die an seine Vergangenheit erinnerten, waren ihm geblieben. Die alten starken Mauern mussten nun die großen Bankkredite tragen. Jungwein vertreibt Schwermut, da war sich Horst ziemlich sicher. Ein bisschen besserte sich seine Laune bei diesem Gedanken, denn er war am Abend im Kloster Eberbach bei der großen Jungweinverkostung eingeladen. Seine Winzerkollegen hatten ihn nicht vergessen. Im Saal am großen Eichentisch nahm er seinen Platz ein. Es war wie in besseren Zeiten. Den zweiten Wein hatte er gerade verkostet, da vibrierte sein Smartphone in der Hosentasche. Nein, er konnte es nicht ignorieren. Vorsichtig schaute er auf das Display. ‚Oh nein, das ist meine Frau.' Horst sprang auf und verließ den Raum. ‚Es ist bestimmt etwas Schlimmes passiert, sonst würde sie mich ja nicht anrufen', meldete sich sein Gewissen. Schon wählte er auf dem Handy seine Festnetznummer. Der Ruf ging durch und unverzüglich hörte er die Stimme seiner Frau. Sie

musste auf seinen Rückruf gewartet haben. Die Stimme am anderen Ende klang völlig verzweifelt. „Er ist tot! Er ist wirklich tot. Was soll ich jetzt machen? Du musst sofort nach Hause kommen!“
Horst war außer sich. „Das darf doch nicht wahr sein. Karlotta, du hast gesagt, es ist eine ganz sichere Sache, du hättest alles im Griff. Und jetzt …“
„Jetzt ist er tot“, Karlottas Stimme wurde weinerlicher.
Horst konnte sich nicht beruhigen. „Eine todsichere Sache, verdammt!“, brüllte er ins Telefon. „Was soll ich denn jetzt machen?“, flehte seine Frau um Hilfe.
„Verscharren wir ihn einfach im Garten.“ Horst war sehr praktisch veranlagt, konnte seine Frau jedoch nicht von diesem Vorschlag überzeugen. „Aber das ist keine Lösung. In vier Tagen soll er doch abgeholt werden“, entgegnete Karlotta. „Ja, da haben wir nun wirklich ein Problem“, musste Horst eingestehen.
„Probleme?“, brummte eine tiefe Stimme direkt hinter ihm. Instinktiv hatte Horst das Gespräch mit seiner Frau in diesem Moment beendet.
„Mm, ja, ja …“ Horst suchte nach unverfänglichen Worten.
Alfons, ein Winzer aus seiner Heimatgemeinde Kiedrich, stand direkt hinter ihm. Auf dem Weg

zu den Toiletten hatte er offensichtlich das Telefongespräch mitgehört.
„Probleme mit deiner Frau?“, wiederholte Alfons seine Frage.
Horst blieb wortlos und nickte.
Dafür redete Alfons weiter: „Ja, wer kennt das nicht …“
„Probleme mit meiner Frau?“, fragte Horst verständnislos.
Alfons lachte laut. „Nein, nein, ich meinte, wer kennt das nicht, Probleme mit der eigenen Frau.“
„Ach so, ja klar“, antwortete Horst.
„Bist ja völlig durch den Wind. Da hilft nur eins …“, bei seinen Worten klopfte er Horst auf die Schulter.
„Da bin ich ja gespannt.“ Genauso schaute Horst auch.
„Schoppen“, klang es fast wie eine neue Glaubensrichtung.
Horst schien völlig verwirrt. „Shoppen? Das soll helfen? Das hilft doch nur Frauen. Schuhe, Schmuck …“
„Schoppen, nicht Shopping! Einen guten Schoppen mehr, dann sieht die Welt ganz anders aus. Jetzt komm, wir haben noch einige Weine vor uns“, bei diesen Worten schob Alfons seinen Kollegen in den Saal zurück.
Nach Ende der Probe kehrte Horst dann nach Hause zurück. Seine Mutter hatte stets erklärt, dass man eine schwere Entscheidung nie auf

nüchternen Magen treffen solle. So war er nun gerüstet, eine schwere Entscheidung zu treffen, denn nüchtern war er gewiss nicht mehr.

Alles hatte einige Wochen zuvor damit begonnen, neue Wege aus der finanziellen Not zu suchen. Jeden Morgen beim ersten Kaffee hatte er die Tageszeitung nach interessanten Artikeln durchstöbert. In letzter Zeit hatte er seinen Schwerpunkt vermehrt auf Anzeigen und Stellenangeboten gelegt. Seine Frau Karlotta war noch im Bad beschäftigt gewesen. Eine Anzeige hatte er an jenem Morgen wiederholt gelesen. „Das gibt es doch nicht. Das geht wirklich zu weit", hatte er vor sich hin gemurmelt. Richtig empört war er gewesen. Diese Emotion hatte sich dann voll entladen, als seine Frau am Küchentisch direkt vor ihm gestanden hatte. Ihr „Guten Morgen, Schatz!" war noch nicht ganz verklungen.
„Das war nicht abgesprochen! Ich habe es jetzt in der Zeitung gelesen. Das kann doch nicht wahr sein!", hatte Horst laut seinen Unmut herausgebrüllt.
„Beruhige dich. Es war ja nur eine Idee von mir. Weiß ja nicht, ob sich da jemand meldet", hatte seine Frau unbeeindruckt mit ruhiger Stimme geantwortet.
Doch Horst hatte sich nicht beruhigen können. „Glaubst du wirklich, dass man mit Vögeln Geld verdienen kann?"

„Nein“, hatte Karlotta geantwortet, „Frau, Frau kann damit Geld verdienen. Und du, du musst mich dabei unterstützen.“

Seine Frau hatte es wirklich ernst gemeint. Horst hatte sich mit diesem Gedanken auseinandersetzen müssen. „Den Platz haben wir ja jetzt. Da die Weinberge verkauft sind, haben wir freie Flächen im Überfluss, ein großes Haus, eine Scheune, Lager- und Kellerräume.“

„Was hast du vor?“, hatte Karlotta ziemlich verwundert geklungen.

Horst war völlig euphorisch geworden. „Bei Vögeln muss es ja nicht bleiben. Hunde, Katzen …“

„Schauen wir erst mal, wie die Tierpension mit Vögeln so anläuft“, hatte Karlotta versucht, ihren Mann wieder auf den Teppichboden zu holen. Aus einem Weinbaubetrieb eine Tierpension zu gestalten, war schon ein Schritt. Aber konnte es auch der große Wurf werden?

„Ich bin doch gelernte Tierarzthelferin, hab meinen Beruf nur für dich aufgegeben, um Winzerfrau zu werden. Das wird schon schiefgehen“, hatte Karlotta sich und ihrem Mann Mut zugeredet.

Da Horst keine bessere Idee gefunden hatte, hatte er geschwiegen. Seine Frau hatte diese Reaktion als Zustimmung ausgelegt, wie immer, wenn ihr Mann schwieg. Eine bewährte Strategie ihres Mannes, die das feste Fundament für viele Ehejahre gebildet hatte. So war diese Idee der Ehe-

frau direkt in die Tat umgesetzt worden. Eine Verknüpfung beider Vornamen der Eheleute hatte dem neuen Projekt den Namen gegeben. An einem weinseligen Abend war der Name ‚Karlottas Vogelhorst' geformt worden, der schon wenig später mit bunten Lettern am alten Holztor des ehemaligen Weinbaubetriebes stand.
Im Dorf war viel darüber getuschelt und gelästert worden. Bei einigen Alteingesessenen war die Firmenneugründung auf Unverständnis gestoßen. Ein komischer Vogel sei er ja schon immer gewesen. Wenn Horst ihnen mal kein Kuckucksei ins Nest gelegt habe. „So etwas passt doch überhaupt nicht hierhin!" Einige Anwohner fürchteten um die Ruhe in ihrem kleinen idyllischen Ort. Drüber wurde viel getratscht, aber es gab ja auch nicht viele Veränderungen, über die man hätte reden können. So hatte sich die Nachricht über die neue Herberge für gefiederte Gäste wie ein Lauffeuer verbreitet. Eine bessere Werbekampagne hätte es kaum geben können.
Einige Tage später war bereits ein Vogel auf dem Winzerhof eingetroffen. Seltsame Gestalten waren einem schrottreifen Benz entstiegen. Kein guter Stern. Beim Anblick der Ankömmlinge, ein Paar mittleren Alters, war Karlotta nur ein Gedanke durch das Hirn geschossen: „Vorkasse!" Karlotta hatte das Paar kurz und förmlich begrüßt. Der Mann hatte einen großen Papagei im Käfig von der Rückbank des Autos geholt und

auf die Pflastersteine des Hofes gesetzt. Die rothaarige Frau hatte das Wort ergriffen, während der Mann wortlos daneben stand.
„Du habben Hotel?“
„Eine Pension für Vögel“, hatte Karlotta kurz erklärt.
„Voggel alt, aber nix Rentner!“
„Es ist ein Hotel für Vögel.“ Karlotta hatte versucht, ruhig zu bleiben.
„Gud, brauchen wir für Voggel. Voggel kann sprechen.“
„Kein Problem, ich kann mich mit dem Tier unterhalten.“ ‚Wahrscheinlich sogar besser als mit der Besitzerin des Vogels‘, hatte Karlotta gedacht. „Wir verstehen uns bestimmt wirklich großartig. Ich könnte mit Ihrem wunderbaren Vogel …“, hatte sie sich richtig ins Zeug gelegt.
„Falsch! Du nix redden“, war die Kundin ihr schroff ins Wort gefahren.
„Auch kein Problem, wirklich nicht“, hatte Karlotta verunsichert reagiert. ‚Jetzt nur nichts Falsches sagen. Sie ist mein erster Kunde‘, setzte sie sich mit ihren eigenen Gedanken unter Druck. „Ich kann auch pfeifen“, hatte sie dann noch ergänzt, doch als Reaktion erntete sie nur Schweigen gegenüber. Karlotta hatte noch ein Verlegenheitslächeln aufgesetzt.
„Du schweigen, Voggel redden und du schreiben jeddes Wort. Verstanden?“, war die knallharte Reaktion gekommen.

„Kein Problem“, hatte es fast schon erleichtert geklungen. Doch dann hatte Karlotta noch die Worte „Wird aber nicht ganz billig“ nachgeschoben. Sie hatte einen Augenblick gezögert, dann hatte sie offensiv ihren Traumpreis rausgehauen. „Hundert Euro pro Tag!“
Bei ihrem Gegenüber hatte sich die Miene verfinstert. „Stange“, hatte die Frau fast unverständlich gesagt.
„Stange Geld, ich weiß …“ Mit diesen Worten hatte Karlotta ihrer Kundin preislich entgegenkommen wollen.
„Nix Geld. Voggel nur ab und zu fallen einfach von Stange und liegen dann im Käfig. Nicht schlimm, bald wieder wach und sitzen auf Stange“, hatte die Kundin mit vollem Körpereinsatz erklärt.
„Ja, dann ist er gewiss nicht ernsthaft krank. Vielleicht so was wie Männergrippe.“
„Is abber Mädchen!“
„Dann eben Vogelgrippe“, Karlotta hielt kurz inne, „war nur Scherz, nein, nein, kein Problem. Ich bin gelernte Tierarzthelferin.“
„Voggel wertvoll. Abber vergessen reden, kein Wort, machen uns traurig“, hatte die Kundin energisch vorgetragen.
„Vielleicht hat Ihr Papagei ein Schweigegelübde abgelegt“, hatte Karlotta nicht ganz ernst gemeint erwidert.
„Machen noch mehr traurig.“

„Nein, nein, Ihr Papagei wird bald wieder reden. Schweigen, das machen ja nur die Mönchspapageien.“
„Gut, du kennen aus. Jeddes Wort, was Voggel spricht, du schreiben auf. Verstanden?“, war im Kasernenton aufgetragen worden.
Karlotta hatte einfach zustimmend genickt. „Aber wie heißt denn eigentlich ihr Vogel?“, hatte sie noch wissen wollen.
„Hab ich doch schon gesagt, heissen Voggel.“
„Voggel, oh, ein origineller Name.“
Die Kundin hatte anschließend in ihre Jackentasche gegriffen und ein Bündel Hunderter herausgezogen. Dann hatte sie zehn Scheine abgezählt.
„Preis zehn Tagge, dann wir holen Voggel. Und du sagen uns Worte, die Voggel hat gesprochen. Zallen ganz wichtig, verstehen?“
Die Geldscheine hatten Karlottas Augen zum Leuchten gebracht. „Ich werde alle gesprochenen Worte und natürlich auch die Zahlen und Nummern fein säuberlich übergeben. Darf ich mir noch Ihren Namen und eine Telefonnummer notieren?“
„Du brauchen nur Voggel und Geld, sonst nix. In zehn Taggen wir kommen widder“, waren die letzten Worte ihrer Kundin gewesen.
Wenige Sekunden später hatten die beiden kuriosen Gestalten den Hof in ihrem Auto wieder verlassen. Zurück war ein Käfig mit einem Papagei und ein Bündel Geldscheine geblieben. Der Start

in die Selbstständigkeit schien zu glücken. Natürlich waren die ersten Kunden etwas merkwürdig gewesen, aber sie hatten gezahlt, sehr gut gezahlt. Jeden Tag hatte sich Karlotta um ihren Gast gekümmert. Sie hatte dem Vogel Wasser, Futter und reichlich persönliche Zuwendung gegeben. Von Tag zu Tag war er tatsächlich vitaler geworden. Doch so sehr sie sich auch bemüht hatte, der Vogel hatte kein einziges Wort gesprochen. So waren die Tage vergangen, bis dann am frühen Abend des sechsten Tages ihr Pensionsgast leblos auf dem Boden gelegen hatte. Zuerst hatte Karlotta seelenruhig auf ein neues Lebenszeichen gewartet. ‚Gleich wird er sich wieder bewegen und ein ganz munterer Vogel sein', so hatte sie sich Mut zugeredet. Schließlich war ja dieses Verhalten von den Besitzern so angekündigt worden. Eine halbe Stunde hatte sie gewartet. Dann hatte sie sich einen starken Kaffee gekocht, der ihre Nerven beruhigen sollte. Nach einer weiteren halben Stunde hatten dann doch die Zweifel überwogen. Eine kurze Prüfung und Karlotta war sich sicher gewesen, der Vogel war tot und dies schon seit einer geraumen Zeit. Dieser Vogel würde sich nicht mehr regen, kein einziges Wort würde er von sich geben. Die Totenstarre war längst eingetreten. Dies deutete sie als untrügliches Zeichen dafür, dass ein Vogelleben ihre Pension verlassen hatte, obwohl die eigentliche Mietzeit noch nicht beendet war. Das würde großen Ärger geben. Rückforderungen, Regressansprüche, ihr junges Unternehmerglück schien ruiniert zu sein. Was sollte sie nur tun? Ihr Mann hätte mit einem Rat aushelfen müssen. Doch gerade an jenem Tag hatte er angekündigt, später nach Hause zu kommen, viel später. Sie hatte ihn telefonisch vom Vorfall unterrichtet. Stundenlang hatte sie an diesem Abend auf die Rückkehr ihres Mannes gewartet. Für den Weg von Kloster Eberbach nach Hause hätte Horst nur wenige Minuten mit dem Taxi brauchen dürfen. Im großen Ohrensessel saß sie wie versteinert neben ihrem toten Gast. Anfangs hatte sie monoton auf das Tier eingeredet, schließlich war sie dann eingeschlafen.

Horst hatte seine Weinprobe bis zum letzten Glas genossen. Was sollte jetzt noch Eile bringen? Es war kein Fall auf Leben und Tod, denn der Tod hatte ein endgültiges Ergebnis festgeschrieben. In solchen Situationen galt es kühlen Kopf zu bewahren und nichts zu überhasten. Es war schon sehr spät geworden, als er mit dem Taxi daheim eintraf.

Karlotta schreckte aus ihrem tiefen Schlaf auf. Ihr Mann hatte nicht gerade geräuschlos das Haus betreten. Sie schaute auf die Wanduhr. Mehr als zwei Stunden waren seit dem Telefonat mit ihrem Mann vergangen.

„Wo warst du so lange?“, fragte sie mit einem vorwurfsvollen Ton.

„Ich musste nachdenken“, antwortete Horst etwas lallend.
„Und?“ Seine Frau wartete auf eine Lösung des Problems.
„Wir verbuddeln den Vogel einfach im Garten und fertig.“
„Super, für diese Lösung hast du zwei Stunden gebraucht? In vier Tagen wird der Vogel abgeholt. Was soll ich da sagen? ‚Tut mir leid, Ihr Vogel hat nicht nur die Stimme verloren, sondern auch sein Leben.‘ Dann kann ich die ganze Kohle zurückzahlen. Davon haben wir aber nicht mehr viel. Reichlich Schadenersatz müssen wir auch noch zahlen. Unser Ruf ist restlos ruiniert, dann können wir gleich dicht machen und die Finger heben.“ Bei dem Gedanken kullerten dicke Tränen über ihre Wangen.
„Wir brauchen einen neuen Vogel. Der neue muss genauso aussehen wie der alte. Und vielleicht kann der sogar sprechen. Das wäre doch super“, neue Ideen sprudelten aus dem Ehemann.
„Ja, wie beim Film so eine Art Stunt…“, nahm Karlotta den Gedanken auf.
„Es gibt Zugvögel, warum soll es keine Stuntvögel geben. Machen wir ein Foto von unserem Gast und dann geht’s nach Frankfurt in die Zoohandlung“, lautete der neue Plan.
Nach dem Fotoshooting wurde der tote Vogel im Garten verschart. Am nächsten Morgen fuhren die Eheleute voller Zuversicht in die Großstadt.

Doch dort erhielten die beiden einen kräftigen Dämpfer. „Es handelt sich bei der Papageienart auf dem Foto um einen äußerst seltenen Vogel. Das Artenschutzabkommen macht die legale Ersatzbeschaffung gänzlich unmöglich“, erklärte der gut geschulte Verkäufer. Aber einen möglichen Verkaufsabschluss vor Augen riet er zum Kauf eines neutralen Graupapageien in Verbindung mit einem zinsgünstigen Ratenvertrag. Ein Angebot, was Karlotta nicht ausschlagen konnte. So wurde sie zum stolzen Besitzer eines Graupapageien.
Horst zweifelte an dem gesunden Verstand seiner Frau. ‚War wahrscheinlich alles zu viel für meine Frau‘, dachte er. „Was willst du denn mit diesem Vogel? Der hat ja überhaupt keine Ähnlichkeit mit unserem toten Pensionsgast. Das Gefieder sieht doch total anders aus!“
„Grau ist ja nur die Grundierung. Marie hat da bestimmt eine Lösung“, antwortete seine Frau voller Überzeugung. Sie ließ sich ihren Schnäppchenkauf einfach nicht schlecht reden.
„Was soll Marie machen? Die hat höchstens eine Lösung für Pinsel!“
Karlottas Freundin Marie war Künstlerin. Mit Sprühpistole und Pinsel wurden meist triste Wände mit Tier- oder Landschaftmotiven dekoriert. ‚Meine Frau hat doch einen Vogel! Das klappt nie. Marie wird sie auslachen‘, dachte Horst.

Doch als Karlotta mit dem Vogel zurückkehrte, staunte ihr Ehemann nicht schlecht.
„Wie hast du das denn geschafft?“ Der graue Vogel hatte sein Aussehen verändert. Eine gewisse Ähnlichkeit mit dem toten Gast war nicht abzustreiten.
„Marie hatte sich erst lautstark gegen die Aktion gewehrt. Aber ich kenne doch einige Wandmalereien von ihr aus alten Zeiten, die die Eigentümer nicht gerade erfreut haben. Es zählt nur eins, sie hat’s gemacht. Nun haben wir einen Doppelgänger, der lebendig ist“, Karlottas Worte versprühten neue Zuversicht.
Horst hatte so seine Zweifel, dass die Rückgabe des Papageien ohne Probleme gelingen könnte. Dieser hatte zwar eine gewisse Ähnlichkeit, aber trotz alledem bestanden Unterschiede zum toten Tier, die gerade die Eigentümer sofort bemerken würden. Karlotta schien völlig euphorisch. Sie kümmerte sich intensiv um den neuen Gast. Jeden Tag wiederholte sie einfache Worte und Zahlen in seiner Gegenwart. Der Vogel schwieg eisern. Doch dann völlig unerwartet entwich der erste Ton aus seinem Schnabel.
„Horst, komm schnell, er kann sprechen“, rief Karlotta aufgeregt.
Lange Minuten voller Erwartungen standen Karlotta und Horst gemeinsam vor dem Vogelkäfig. Und dann tatsächlich ein Laut aus dem Schnabel.
„Und, was soll das heißen?“ Horst konnte diesen

undefinierbaren Laut nicht seinem Sprachschatz zuordnen.

„Hörst du das nicht?“

Wieder hatte der Vogel diesen Ton wiederholt. Horst schaute nur verständnislos.

„Das ist unsere Mikrowelle. Der Vogel imitiert unsere Mikrowelle. Ist das nicht toll?“ Karlotta war begeistert.

Doch diese Stimmung erreichte ihren Ehemann nicht. „Super“, antwortete er verächtlich. Am nächsten Tag würden die Eigentümer des Vogels auf der Matte stehen. Und sie müssten dann einen falschen Vogel, der eine Mikrowelle imitieren kann, zurückgeben. Er hatte kein gutes Gefühl bei diesem Gedanken.

Als das Auto der Eigentümer auf den Hof fuhr, stieg die Anspannung. Horst war als erster vor die Haustür getreten. Karlotta folgte mit dem Vogelkäfig in den Händen. Auch sie hatte ihre Lockerheit verloren. Ihre Hände zitterten, während der Doublevogel noch einmal den Ton der Mikrowelle imitierte.

„Alles gutt?“, waren die ersten Worte der Frau. Karlotta nickte zögerlich und überreichte den Vogelkäfig.

Die Frau betrachtete ihren Vogel ganz genau. Karlotta rieb sich nervös die Hände. „Voggel frisch“, folgte die erste Bemerkung zum Heimkehrer.

„Aä, aä, ja, ist nicht mehr der alte …“ Karlotta platzte fast vor Anspannung.
„Frisch Fabbe“, ergänzte die Frau.
„Ja, ja, ja“, monoton wiederholte Karlotta ihre Worte. Ihr Mann blieb sprachlos.
„Hat frisch Fabbe. Sagt man doch, wenn gutt erholt, oder?“
„Ja, genau, hat sich super erholt, ist wie neu, Ihr Vogel.“ Karlotta atmete tief durch, eine Last fiel von ihr. „Gute Pflege“, ergänzte sie noch, um jeden Zweifel an dem hohen Betreuungspreis gleich im Keim zu ersticken. Dann kramte sie einen Zettel hervor, auf den sie einige Worte und Zahlen geschrieben hatte. Angeblich stammten diese aus dem Schnabel ihres Gastes. Die Mikrowelle verschwieg sie. Die Vogelbesitzer waren scheinbar zufrieden gestellt und verließen samt Vogel den Hof.
„Das ist ja noch mal gut gegangen!“ Karlotta freute sich. Mit einer Flasche Wein aus ihrem Keller feierten sie das glückliche Ende einer verzwickten Geschichte.
„Das ist ja ein Ende wie in einem Heimatfilm …“, begann Horst seine Gedanken zu formulieren. Karlotta nickte zufrieden. „Es ist mir einfach alles zu rund gelaufen. Ohne jeden Zweifel haben die den falschen Vogel einfach mitgenommen. Da stimmt doch etwas nicht“, murmelte Horst vor sich hin. Doch Karlotta wollte davon nichts hören. „Nörgelst du wieder rum. Alles ist gut! Das

ist die Hauptsache“, mit diesen Worten hob sie ihr Glas und prostete ihrem Mann zu.
Doch Horst konnte seine Zweifel nicht einfach beiseiteschieben. Am nächsten Morgen telefonierte er mit einem alten Schulfreund, der bei der örtlichen Polizei arbeitete. Da Horst sich das Autokennzeichen notiert hatte, konnte der Halter des Fahrzeuges schnell ermittelt werden. Das Auto war auf einen Gustav Meier zugelassen. Horst verfolgte die Spur des Vogels, ohne seiner Frau nur ein Sterbenswörtchen darüber zu berichten. Karlotta war ohnedies sehr beschäftigt mit Erweiterungsplänen für ihre Tierpension.
Gustav Meier, der Halter des Fahrzeuges, war in dem nur wenige Kilometer entfernten Winzerort Martinsthal gemeldet. Von den Nachbarn hatte Horst schnell erfahren, dass der Gesuchte vor ungefähr zwei Wochen in seinem Haus tot von einer Haushaltshilfe aufgefunden worden war. Der Hausarzt hatte keinen Zweifel daran, dass Herr Meier eines natürlichen Todes gestorben war, und hatte entsprechend den Totenschein ausgestellt. Doch im Dorf kursierten Informationen, die Horst weiterermitteln ließen. Der Tote war im Besitz eines seltenen Papageien gewesen. Die Beschreibung passte genau auf ihren gefiederten Pensionsgast. Was war mit diesem Tier passiert? Die Haushaltshilfe des Verstorbenen hatte im Dorf erzählt, dass der Vogel zwei Tage nach dem Tod seines Besitzers verstorben sei.

Schnell fand Horst heraus, dass die Frau keine andere war als die erste Kundin in Karlottas Tierpension. Bei Übergabe war der seltene Vogel jedoch noch völlig lebendig gewesen. Horst fuhr suchend durch den historischen Ortskern. Am Marktplatz neben der alten Kirche fand er das Weinhaus Zum Zepter. Gaststätten, so wusste Horst, sind nicht nur der Ort für Speisen und Getränke, sondern oft auch Umschlagplätze für Neuigkeiten und Gerüchte. Er hatte mit dieser Wahl einen Volltreffer gelandet. Der Vater des Wirtes war ein alter Freund des Toten. Mit einer Flasche Rotwein hatten sich die beiden Männer in eine gemütliche Ecke des Lokals zurückgezogen.

„Diese Frau, diese Grunja, die hat Gustav auf dem Gewissen, da bin ich mir ziemlich sicher“, redete der alte Wirt nicht lange um den heißen Brei.

„Wer ist Grunja?“

„Grunja ist die Haushälterin, die seit einiger Zeit bei Gustav gearbeitet hat. Er hat ihr öfter mal ein paar Scheine mehr zugesteckt, wenn sie bei ihm putzte. Sie verstand es, ihre Reize einzusetzen. Je leichter bekleidet sie kam, um so mehr verlor Gustav seinen Verstand. Zuletzt hat er ihr sogar seinen alten Benz geschenkt.“

„Ja, die Liebe kennt kein Alter“, sinnierte Horst.

„Auch die Torheit nicht. Gustav hat dieser Frau auch von seinem Vermögen und seinem Schließfach in der Schweiz erzählt. Seine Tochter, die

Alleinerbin, hat keine Unterlagen darüber gefunden. Wahrscheinlich hat er sein Wissen darüber mit ins Grab genommen."
„Oder diese Grunja hat sich das Konto unter den Nagel gerissen."
„Dann wäre sie schon längst über alle Berge in die Schweiz abgehauen. Die lebt mit ihrem Freund aber immer noch in ihrer kleinen Wohnung hier im Ort, als ob sie noch auf der Suche ist. Merkwürdig ist auch der plötzliche Tod von Captain Flint …"
„Wer ist denn Captain Flint?"
„Captain Flint war Gustavs Papagei. Mit seinem Tod war der Vogel verschwunden. Der Papgei soll auch gestorben sein."
„Das ist keine Seltenheit, dass …", wendete Horst ein.
„In diesem Fall", fuhr der alte Mann Horst ins Wort, „ist aber ein Geheimnisträger umgekommen."
„Jetzt wird es aber ziemlich wirr." Horst trank sein Glas leer und schenkte noch mal nach. „Ich habe Gustav gewarnt, die Daten seines Schließfaches einfach auszuplaudern. Er hatte mir gesagt, die Zugangsdaten seien sicher, so sicher wie ein vergrabener Schatz auf einer Insel. Ist ja nicht schwer, Captain Flint, Schatzinsel. Der Vogel ist wohl der Schlüssel zum Schatz. Und jetzt ist der Vogel verschwunden …"

Jetzt verstand Horst auch, warum diese Grunja den Vogel zu ihnen gebracht hatte und jedes Wort von dem Vogel festgehalten werden sollte. Die zweite Flasche des roten Rebensaftes war geöffnet worden. Horst hatte sofort seinen Freund bei der Polizei über die neuen Erkenntnisse informiert. Die Polizei hatte noch am selben Tag die kleine Wohnung der Haushälterin durchsucht. Dort fanden die Beamten einige Wertgegenstände aus Gustav Meiers Besitz und den Vogel samt Käfig. Im Käfigboden fand die Kriminaltechnik Unterlagen über das Bankschließfach in der Schweiz. Spät am Abend, am Ende der zweiten Flasche, erfuhr Horst aus Polizeikreisen, dass die Haushälterin gestanden hatte, am Tod des Rentners beteiligt gewesen zu sein. Sie habe in seiner Wohnung nach Bankunterlagen und Geld gesucht, dabei sei sie von dem Hausherrn erwischt worden. Es habe eine kleine Rangelei gegeben, bei der der alte Mann gestürzt sei, ein bedauerlicher Unfall. Horst befand sich mittlerweile in einer weinseligen Zufriedenheit. Mit einem Taxi machte er sich auf den Heimweg, um seiner Frau vom Ermittlungserfolg zu berichten. Im Haus war alles dunkel. Seine Frau war offensichtlich schon zu Bett gegangen. So entschied er sich im Gästezimmer zu schlafen. Er öffnete die Zimmertür und suchte nach dem Lichtschalter.

„Hände hoch“, rief eine laute männlich Stimme. Horst folgte unverzüglich der Aufforderung. „Bitte nicht schießen. Ich bin unbewaffnet!“
„Horst, du musst keine Angst haben“, hörte er die Stimme seiner Frau, die das Licht im Zimmer einschaltete.
„Doch zu viel? Zu viel Alkohol! Drei große graue Vögel“, Horst schien völlig verwirrt.
„Schatz, wir haben jetzt eine Pflegestation für Graupapageien. Das sind unsere gefiederten Patienten. Die wollte ich dir morgen früh beim Frühstück vorstellen“, erklärte Karlotta ruhig. Horst schwieg und ging zu Bett.
Am nächsten Morgen tauschten Horst und Karlotta ihre Neuigkeiten aus. Erst Tage später nach Exhumierung und Obduktion des Toten konnten die polizeilichen Ermittlungen abgeschlossen werden. Beim Sturz in seiner Wohnung hatte der Rentner zwar eine Kopfverletzung erlitten, diese hatte jedoch nicht zum Tode geführt. In der Lunge des Toten waren Partikel seines Kopfkissens gefunden worden, mit dem er von seiner Haushälterin erstickt worden war.
In der Tierpension landeten noch einige komische Vögel, die Karlotta und Horst zum finanziellen Höhenflug verhalfen. Mittlerweile befindet sich im restaurierten Winzerhof auch eine urig gemütliche Weinstube mit Namen Karlottas Vogelhorst, ein Geheimtipp für guten Wein und tierisch komische Geschichten.

Unser Weintipp:

Spätburgunder
Trocken

Hessische Staatsweingüter GmbH
Kloster Eberbach
D-65346 Eltville/Rhein

www.kloster-eberbach.de

Auch in unserem zweiten Krimiband mit „blutroten" Weinen sind die Handlungen und Personen wieder frei erfunden. Die Winzer und Weine unserer Empfehlungen dagegen sind real.
Vielleicht treffen wir Sie irgendwo bei unseren Recherchen bei einem Winzer, in einer Straußenwirtschaft oder auf einem Weg mitten im Weinberg.
Sie können uns auch bei einer szenischen Wein- und Krimilesung erleben und mit uns gemeinsam in unsere Geschichten aus Wein, Witz und Spannung eintauchen.
Viel Spaß bei
Wein & Krimihäppchen

Astrid Kallweit & Frank W. Kallweit

Information unter
www.kallweitskrimis.jimdo.com
www.fb.com/KallweitsWeinkrimis

Nachrichten senden an:
weinkrimis@FWKallweit.de

Unser erster Band mit Weinkrimis:
MordsAbgang / ISBN 978-3-935500-27-2
Preis 8,99 € / Verlag Wortspiel Literatur e.V.